Heinz Koppenhöfer

Mit Respekt verharret

Dem Andenken meiner Eltern.

© 2004 by C&S Verlag GmbH, Laupheim
Abbildungen: Heinz Koppenhöfer
Reproduktion etc., auch auszugsweise,
auf allen Medien nur mit schriftlicher
Genehmigung des Autors
Layout, Satz: C&S Verlag GmbH
Druck und Bindung:
AZ Druck und Datentechnik GmbH, Kempten
ISBN 3-937876-20-0

Heinz Koppenhöfer

Mit Respekt verharret

Ernstes und Heiteres von
Landpfarrern und Dorfschulmeistern
im Biedermeier

Inhalt

Vorwort

In der ersten Hälfte des 19. Jahrhunderts hielt das moderne Leben Schritt für Schritt seinen Einzug. Neue Erkenntnisse führten auf vielen Gebieten zu überraschenden Entwicklungen und leiteten gleichzeitig Veränderungen ein, die sich auf das Arbeiten und Denken tiefgreifend auswirkten.

Zur gleichen Zeit erfuhren die edlen Blüten der deutschen Dichtung und der Literatur hohe Verehrung. Auch den schönen Künsten galt viel Bewunderung und reicher Beifall.

Hier geht es nur um Unscheinbares, um Kleines, um Geringes. Die gesammelten Briefe und Dokumente zeigen etwas von dem, was damals Pfarrer und Lehrer zuweilen beschwerte, zuweilen beglückte. Ihr Bemühen, Schwierigkeiten zu meistern, Widerwärtiges zu ertragen, aber auch ihre Dankbarkeit für erwiesenes Wohlwollen und gütige Fürsprache, sind die Themen. Es zeigt sich ihre Abhängigkeit von den Weisungen einer Obrigkeit, die Unterordnung, Pflichterfüllung und Treue forderte und belohnte und die Nachlässigkeit mit geziemender Strenge ahndete. Davon wird berichtet und erzählt. So kommt in Momentauf-nahmen die heute kaum beachtete Alltagsgeschichte vergangener Zeiten noch einmal ans Licht.

Die fast zweihundert Jahre alten Quellen werden als Zeitdokumente geachtet und deshalb unverändert wiedergegeben. Mit der Sprache und mit dem Stil bleibt die Stimmung der Epoche lebendig, und der Abstand zwischen jenem Gestern und unserem Heute tritt noch deutlicher in Erscheinung.

Man muß diesen Texten ohne Hast begegnen, dann wird sich erschließen, was fremd schien, und was längst vergangen ist, wird unversehens nahe heranrücken.

Ehingen, im Juni 2004   Heinz Koppenhöfer

Einst

Mit Feder und Tinte geschriebene Briefe sind heute selten, auf diese Weise zu Papier gebrachte Erlasse und Anweisungen gar, ferne Vergangenheit. Als Zeugnisse früherer Zeiten ziehen sie gerne Aufmerksamkeit auf sich, und oft wohnt ihnen, zum Entzücken des neugierigen Lesers, ein besonderer Reiz inne. Des weiteren können uns ihre Zeilen, die Schreiber und Empfänger charakterisieren, Leben und Nöte jener Zeit vor Augen führen, und vielleicht nehmen dann auch die Genannten – immer wieder einen Augenblick lang – in unserer Vorstellung Gestalt an.

Manche der hier vorgestellten Briefe und Schriftstücke des frühen 19. Jahrhunderts stammen noch aus den unruhigen Zeitläuften der Napoleonischen Kriege. Die Mehrzahl aber entstand in den Jahren vor der Deutschen Nationalversammlung im Mai 1848 in der Frankfurter Paulskirche. Sie haben freilich nicht den Gang großer Ereignisse zum Inhalt. Ihr Schauplatz ist die kleine Welt von ein paar entlegenen Dörfern der Blaubeurer und Münsinger Alb. Der amtliche Schriftverkehr ihrer Pfarrer und Lehrer mit dem Dekanatamt und die Weisungen des Königlich evangelischen Konsistoriums stehen dabei im Mittelpunkt. Dann und wann aber stoßen wir auch auf eher Privates, auf kleine, zu Papier gebrachte und für jene Jahrzehnte so kennzeichnenden Liebenswürdigkeiten. Erst später gab man dieser Zeitspanne ihren Namen, der anfangs überheblich und spöttelnd gebraucht und als Inbegriff spießbürgerlicher Beschaulichkeit verstanden wurde: das Biedermeier. Genau dieser Zeit aber kam für die Entwicklung der Staatswesen grundlegende Bedeutung zu. Damals zeigten sich auch erste Vorboten der modernen Welt und gewannen an Einfluß.

Diese vielschichtige Epoche lückenlos darzustellen, ist nicht beabsichtigt. Statt dessen richtet sich der Blick an Hand von Schriftstücken auf wenige Einzelschicksale, die in Umrissen erkennbar werden. Es begegnen uns dabei ein paar einfache Menschen, die erleben, erdulden und erleiden mußten, was ihre Obrigkeit ihnen auferlegte und abforderte. Ihr Alltag im Dorf steht im Vordergrund; er verlief einfach und bescheiden. Was aus dem Leben von heute kaum wegzudenken ist, Auto, Telefon, Radio, Fernsehen, kannten sie nicht. Elektrisches Licht und Haushaltsmaschinen, um weiteres zu nennen, gab es ebensowenig. Die Albdörfer hatten damals noch keine Trinkwasserversorgung und geteerte Fahrwege fehlten vollständig. Bis zum Bau der Eisenbahn vergingen noch Jahre, und bis zum Ausbau eines dichten Schienennetzes noch Jahrzehnte.

Das gerne gezeichnete Bild behaglicher Beschaulichkeit trügt – und trifft zu. In Technik und Industrie, in Wissenschaft und Medizin kündigten sich große, vielversprechende Fortschritte an, doch gleichzeitig erschreckte auch aufkeimende politische Unruhe. Alle diese Entwicklungen begünstigten und bewirkten den bewußten Rückzug der Bürger in die überschaubare, geordnete Welt von Familie und Freundschaft, und wer hätte das Recht, es ihnen nach den unruhigen Jahrzehnten der Vergangenheit und ihrer so zerrissenen Gegenwart zu verdenken?

Nach den vorangegangenen langen Kriegswirren, die 1792 mit dem ersten Koalitionskrieg zwischen dem revolutionären Frankreich und den europäischen Koalitionen begonnen hatten und dann in den Napoleonischen Kriegen ihren Höhepunkt erreichten, herrschte in weiten Kreisen Armut. Oft mangelte es am Nötigsten und für Überflüssiges fehlte das Geld. Alles, was man erwarb, mußte lange halten, und so war für die Wahl der Gebrauchsgüter wie Möbel, Kleidung, Wäsche, solide Zweckmäßigkeit und Qualität bei Material und Verarbeitung ausschlaggebend. Nicht kostbarem Zierat und Prunk galt das Interesse, Freude bereiteten vielmehr gute Handwerksarbeit und schlichte Schönheit. Merkmale, die Liebhaber des Biedermeierstils noch heute bei Schmuckstücken und Möbeln aus jenen Jahren hochschätzen.

Trotz aller Bescheidenheit war es ein regsames, von Innerlichkeit, geselliger Kultur und reichem gesellschaftlichen Leben geprägtes Zeitalter. Überaus mitteilsam, schrieb man gerne stilistisch gewandte und fast immer durch Sprachsinn überraschende, meist überschwengliche Briefe. Diese zur Phrase neigende Überschwenglichkeit war üblich und gehörte zum gepflegten, höflichen Briefstil der Zeit. Bei der Anrede und am Briefende findet man nicht nur allgemeine Redewendungen vor, sondern trifft immer wieder auf sehr individuell gestaltete Formulierungen der Schreiber. Als reizvolle Einzelheiten sind sie für den Gesamteindruck eines Briefes wesentlich und werden daher öfters ungekürzt beibehalten.

Bevor nun die längst im Meer der Zeit versunkene Alltagsgeschichte jener fernen Jahrzehnte noch einmal auftaucht und Gestalt gewinnt, muß in einem kurzen Rückblick an jene bewegenden Jahre erinnert werden, die für Ulm und sein Gebiet einschneidende Änderungen brachten.

Bayrische Befehle.

Die Jahre um 1800 waren unruhig, notvoll und friedlos. Napoleon, der unumschränkte Herrscher in jener Zeit, erzwang durch den zweiten Koalitionskrieg einschneidende Veränderungen in Süddeutschland. Im Friede zu Lunéville, der im Februar 1801 mit Österreich geschlossen worden war, behielt Frankreich das ihm 1797 nach dem ersten Koalitionskrieg im Friede von Campo Formio abgetretene gesamte linke Rheinufer. Die bereits damals geplante Entschädigung der weltlichen deutschen Fürsten für ihre linksrheinischen Gebietsverluste mußte nun verwirklicht werden. Da ihre Entschädigung „im Schoße des Reichs" erfolgen sollte, trat ein, was seit Jahren befürchtet wurde: Man nahm dafür die Gebiete der geistlichen Fürsten und der Reichsstädte in Anspruch. Das traf auch Ulm hart. Zunächst hatte es 1801 unter französischen Besatzungstruppen, die seine Befestigungen schleiften, zu leiden. Dann büßte es mit dem Verlust der Reichsfreiheit seine Sebstständigkeit ein. Und schließlich mußten die Ulmer Bürger im Herbst 1802 erleben, wie das Kurfürstentum Bayern von ihrer stolzen, ehemals freien Reichsstadt und ihrem Gebiet Besitz ergriff. Der früher so selbstbewußte Ulmer Rat mußte sich ins Unvermeidliche schicken und den Verlust seiner Macht mit Ergebung hinnehmen. Obwohl seine Stimmung gedrückt war und die Bürgerschaft der Zukunft mit Bangen entgegensah, wurde für den 23. Januar 1803 ein kirchliches Dankfest angeordnet. Man dankte an diesem Tag dafür, daß „Ulm so glücklich war, nun unter bayrisches Szepter gehören zu dürfen".

Nach dem dritten Koalitionskrieg bestätigte der am 26. Dezember 1805 zwischen Frankreich und Österreich geschlossene Preßburger Friede die Erhebung Bayerns und Württembergs zu Königreichen. Sie war bereits am 12. Dezember in den Brünner Verträgen erfolgt. Kurfürst Max Joseph von Bayern, der Frankreich besonders verbunden war, nahm noch am gleichen Tag den von Napoleon verliehenen Königstitel an. Schon wenige Tage später wurde den jetzt „Königlichen Pfarrämtern" mit einem höchsten Rescript der „Königlich Baierischen Landesdirektion in Schwaben" befohlen, deshalb am 1. Epiphanias-Sonntag, dem 12. Januar 1806, in allen Kirchen der Schwäbischen Provinz einen feierlichen Gottesdienst zu halten und „dabei das Te Deum abzusingen". Bereits am 31. Januar des gleichen Jahres erging an die Pfarrämter die Weisung, ihren Gemeinden von den Kanzeln zu verkünden, daß auf Königlichen Befehl alle Staatsdiener mit ihren Uniformen eine blau und weiße Kokarde am Hute zu tragen haben und „auch alle übrigen Untertanen sich dieses Ehrenzeichens bedienen dürfen". So sollte auf Dauer Staatsverbundenheit gefördert und Gemeinsinn geweckt werden.

Auch in den folgenden Jahren ergingen immer wieder neue Anordnungen und Erlasse. Aus ihrer Fülle wird nun einiges herausgegriffen, das die Pfarrer betraf und im Rescriptenbuch jeder Pfarrei peinlich genau einzutragen war.

Um alle Pfarrer zur Weiterbildung anzuregen und ihre Kenntnisse zu überprüfen, verfügte die bayrische Konsistorialordnung, daß ihnen jedes Jahr „Synodalfragen" zur schriftlichen Ausarbeitung vorgelegt werden. Im Jahr 1810 sollte folgende „Synodal-Aufgabe" von den protestantischen Pfarrern, Vikarien und Kandidaten in der angegebenen Zeit ausgearbeitet, „ans Landgericht eingesandt, und von da an das Königlich baierische Generalkommissariat des Oberen Donaukreises eingeliefert werden":

Synodal-Aufgabe

für die protestantische Geistlichkeit des Oberen Donaukreises aufs Jahr 1810.

1. Alles, was im Neuen Testament die Schicksale, Thaten und Sinnesart des Apostels Petrus betreffend vorkommt, und aus seinen Briefen erhoben werden kann, ist in eine bündige historische Erzählung und korrekte Schilderung zusammenzustellen.
2. Es ist eine Katechisation über die christliche Vatterlandsliebe zu entwerfen, und hiebei
   a) die Hauptstellen des Neuen Testaments sie betreffend anzuführen, und exegetisch zu erläutern.
 - b) Ein ganz kurzer zusammenhängender Vortrag, welcher darüber vor oder nach der Katechisation an die ganze Gemeinde gehalten werden könnte, aufzusetzen, und
   c) die Fragen selbst mit den vermuthlichen Antworten zu entwerfen.

Ulm, den 16. April 1810

Schon im Mai erwartete dann der Distriktsschulinspektor die Vorlage der Inventarverzeichnisse der Schulen und die Meldung der Schulferien und ihre Dauer, und bereits im Iuni war ein Schulbericht in doppelter Fertigung fällig. Er mußte die Zahl der Knaben und Mädchen enthalten, vor allem aber über ihren und der Lehrer Fleiß Auskunft geben. Danach war noch ausführlich über Fortschritte in der Sonntagsschule Rechenschaft abzulegen. Doch nicht genug; schon Anfang Juli erging eine neue Weisung! Jeder Pfarrer mußte nun „mit Ausnahme der Erntezeit alle Woche an zwei Nachmittagen in der Schule des Orts, wo er ist, wie auf Filialen Religion lehren", und bei jedem „am Quartal einzusendenden Berichte soll von dem Erfolg hievon Meldung geschehen".

Es verwundert daher nicht, daß die seit Jahren mit so vielen Weisungen eingedeckten Pfarrer unter dieser bayrischen Herrschaft seufzten und ihr Ende herbeisehnten. Schneller als erhofft kam es tatsächlich zu einem Herrschaftswechsel.

Auf Grund des Vertrags von Compiègne war am 18. Mai 1810 zwischen Württemberg und Bayern vereinbart worden, daß Württemberg zehn bisher bayrische Ämter und die Stadt Ulm mit ihrem Gebiet erhalten sollte. Davon war das altulmische Gebiet rechts der Donau ausgenommen, das bei Bayern verblieb. So kam es, daß der Talweg am Fluß die Staatsgrenze bildete und die Grenzpfähle mitten auf der Brücke errichtet wurden. In den Morgenstunden des 8. November zog die bayrische Besatzung aus Ulm ab, und schon am Vormittag desselben Tages wurden alle ulmischen Beamten von ihren Pflichten gegen den bayrischen König entbunden.

Wenige Tage später notierte Pfarrer Hebich im Nellinger Rescriptenbuch in ungewohnt großer Schrift: „Ein Ende haben mit dem 8. November 1810 alle Baierischen Befehle genommen." Er fühlte sich wie von einer drückenden Last befreit und war über den Gang der Ereignisse sehr glücklich.

Im nächsten Abschnitt stehen Briefe dieses Nellinger Pfarrers Friedrich Karl Hebich im Vordergrund. Sie stammen aus der Zeit des ersten württembergischen Königs Friedrich und seines Nachfolgers, König Wilhelm. Wie alle andern Briefe dieses Buches erheben sie nicht den Anspruch bedeutender Zeitdokumente. Dafür aber zeigen sie lebensnah die mit dem Amt verbundenen Sorgen und Probleme königlich württembergischer Pfarrer und Lehrer in ein paar Albdörfern zu Beginn des 19. Jahrhunderts. Auf ergreifende Weise vermitteln sie immer wieder Einblicke in das harte und bescheidene Leben von damals und werden so zu Dokumenten des Alltags einfacher königlicher Untertanen.

Unter Württembergs Königen

Nachdem im Spätjahr 1810 die seit 1802 währende bayrische Zeit für Ulm und sein Gebiet zu Ende gegangen und der Übergang an Württemberg erfolgt war, kamen etliche Albgemeinden, die vorher zur ulmischen Kirche gehörten, zum altwürttembergischen Dekanat Blaubeuren. Unter ihnen waren auch Nellingen, Merklingen und Scharenstetten. Möglichst rasch suchte der Blaubeurer Dekan Baur einen Einblick in die neu hinzugekommenen Kirchengemeinden zu gewinnen. In seinem ersten Schreiben vom 21. November 1810 teilte er den Pfarrern dieser Gemeinden mit, was sie von nun an zu beachten haben. Gleichzeitig legte er ihnen noch eine Reihe Fragen zur Beantwortung vor.

Pfarrer Hebich aus Nellingen antwortete sehr ausführlich. Mit seinem Brief vom 10. Dezember erweckte er den Eindruck, daß es bisher in Kirche und Schule noch recht rückständig zugegangen war:

> Hochwürdiger, Hochgelehrter,
> Hochzuverehrender Herr Dekan .
>
> Auf einige der vorgelegten Fragen habe ich folgendes gehorsamst zu antworten, als
> ad 4a: Das angenommene Gesangbuch ist ein altes, unserem Zeitalter nimmer angemessen, von dieser Art sind auch das Ulmische Gebett- und Agendenbuch. Die alten Wirtembergischen Summa-

rien sind abgekommen, und dafür haben wir Seilers Erbauungs-
buch zu Bettstunden und Vespern.

Schulbücher haben wir in Nellingen Luthers kleinen Katechismus
nebst Ottos Erklärungen desselben, Seilers biblische Geschichten,
Kapfs Naturlehre, Beckers Noth- und Hilfsbüchlein, Wezlers Ge-
sundheitskatechismus, dann 12 neue Baierische Schulbücher, die
aber nie gebraucht wurden, und vier Landkarten.

Zu Oppingen sind ebendiese Gesang- und Agendenbücher, und in
der Schule die obigen beiden Katechismen, ein Seilerisches Hand-
buch und 5 Gesundheitskatechismen.

b: Konfirmiert wurde bisher im Ulmischen nicht, und die Jugend
wurde bisher zur ersten Kommunion im Pfarrhaus 4 bis 6 Wochen
lang im Christenthum besonders unterrichtet.

Mit dem Herrschaftswechsel verband der Schreiber große Hoffnungen und
hochgespannte Erwartungen, die in seinen amtlichen Schreiben immer wieder zum Ausdruck kamen. Einerseits war er allem Neuen gegenüber, das
nach seinem Empfinden einen Fortschritt versprach, recht aufgeschlossen.
Auf der anderen Seite aber schätzte er auch Althergebrachtes, das ihm lieb
geworden war. Dazu gehörten die in der ulmischen Kirche begangenen
Apostelfeiertage. Sie waren unter Bayerns Regiment abgeschafft worden, jetzt
kamen sie wieder zu Ehren. Er bemerkte dazu: „Daß wir mit dem Feiertag
Johannis (27. Dezember) den Anfang machen, sie zu feiern, freut mich herzlich. Dürfen wir aber (auch auf diese Zeit) auch die Chorhemder wieder
anziehen?"

Zu den Neuerungen gehörte außer der seit 1723 im Herzogtum Württemberg
üblichen Konfirmation auch die Einführung des monatlichen Kirchenkonvents. Darum bat Hebich um genaue Anweisungen und fragte: „Wann darf es
angefangen, und an welchem Tage gehalten werden, und darf der Pfarrer
selbst den Richter des Orts und den Heiligenpfleger darzu wählen?"

Anschließend brachte er noch zwei Bitten vor. „Da Euer Hochwürden gütigst
für das liturgische Buch besorgt seyn wollen, so wünschte ich eines à 3 fl. 4 kr.
in Korduan mit vergoldetem Schnitte, dann Hartmanns Sammlung, M.
Reuchlins Fortsetzung davon, und M. Schülers Königl. Wirtemberg. Verordnungen in Schulsachen, diese 3 letzteren in Pergament gebunden mit blau-
wolkigtem Schnitt, nebst dem Konto über alles, welchen ich dann gleich bezahlen werde." Die Beschaffung der nun benötigten neuen Tauf- und Toten-
scheine à 24 kr. bereiteten ihm ebenfalls Schwierigkeiten, denn er konnte
sie „dermalen noch nirgends" bekommen. Da traf es sich gut, daß gerade in
jenen Tagen die Schulmeister der neuwürttembergischen Gemeinden zur
Verpflichtung zum Herrn Dekan nach Blaubeuren kommen mußten, und so
bat er: „Wenn Euer Hochwürden einiges hierüber meinem Nellinger Schulmeister sagen, oder schriftlich ihm übergeben würden, wäre es mir sehr ange-

nehm, so wie wenn ich auf diesem Wege, da ich in Stuttgard weder Buch-
händler noch Buchbinder kenne, die nöthigen Bücher bekommen könnte,
welches ich mit größtem Dank erkennen würde."

Seinen Brief schloß er:

> Mit vollkommenstem Respekt verharret
> Nellingen den 10den Dezember 1810
>
> Euer Hochwürden
> meines Hochzuverehrenden Herrn Dekans
> gehorsamster Diener
>
>> Friederich Karl Hebich,
>> Pfarrer zu Nellingen
>> und Oppingen.

Zu einer in diesem Brief gestellten Frage kehren wir hier noch einmal kurz
zurück. Es handelt sich um die Erlaubnis zum Tragen des weißen Chorhem-
des.

Wie einer Bemerkung Hebichs aus früheren Jahren an einer andern Stelle zu
entnehmen ist, war ihm dies wichtig. Im Dezember 1804 findet sich nämlich
im Rescriptenbuch ein Eintrag, der besagt, daß auf mündlichen Befehl des
Konsistoriums in Ulm kein Chorhemd mehr angezogen werden darf, und er
„in der Donnerstagspredigt den 13. Dezember" damit den Anfang mache.
Diesem Konsistorium gehörte seit 1804 der Münsterprediger Johann Martin
Miller – von 1809 bis 1814 dann Dekan des Bezirks Ulm – als bayrischer Konsistorialrat an, und es ist von ihm bekannt, daß er im Zeichen der Aufklärung
als erster Ulmer Geistlicher, – eben 1804 – das weiße Chorhemd ablegte. Vermutlich war er es auch, der dann in seiner Eigenschaft als bayrischer Konsistorialrat diesen von Hebich so bedauerten mündlichen Befehl an die Pfarrer
ergehen ließ, ab Dezember 1804 das Chorhemd nicht mehr zu tragen. Doch
nachdem mit dem 8. November 1810 alle bayrischen Befehle ein Ende
genommen hatten, freute sich Hebich herzlich über die Wiedereinführung
der in Abgang gekommenen Apostelfeiertage und hoffte gleichzeitig auf die
Erlaubnis zum Tragen „der Chorhemder".

Der Wechsel unterstellte die Pfarrer der zum Königreich Württemberg geschlagenen ulmischen Dörfer nicht nur einem neuen Dienstherrn, sondern
erlegte ihnen mit dem württembergischen Amtsgelübde und dem unbedingten Treueid auf den König neue Verpflichtungen auf. Am 9. Dezember unter-
schrieb Hebich die Konkordienformel und die Symbolischen Bücher als
Grundlage von Glaube, Lehre und Bekenntnis, und zwei Tage später „dem
König in Wirtemberg, Friedrich", als oberstem Herrn der Landeskirche, die
umfangreiche Eidesformel. Er schickte sie mit folgendem Brief an das Dekanatamt zurück:

Hochwüdiger, Hochgelehrter,
Hochzuverehrender Herr Dekan.

Ich habe die Ehre, Euer Hochwürden die unterschriebene Eidesformel samt dem Geld à 14 fl. 6 für die vier Bücher zu übersenden.
Mir ist es sehr leid, daß ich Euer Hochwürden bei den überhäuften
Geschäften noch mehr Arbeit wegen dieser Bücher machen muß.
Allein, ich weiß keinen näheren Weg, sie so schnell als möglich zu
erhalten, als diesen, und werde mit dem größten Dank Ihre Güte
hiebei verehren.
Nach allen erhaltenen und noch zu erhaltenden Befehlen werde
ich pflichtmäßig und gehorsamst mich zu richten stets beflissen
seyn.
Mit fortdauerndem Respekt verharret
Nellingen den 11ten Dezember 1810

Euer Hochwürden
meines Hochzuverehrenden Herrn Dekans
    gehorsamster Diener.
    Friedrich Karl Hebich
    Nellingen.

Schon Ende Januar 1811 wandte sich Hebich wieder an den von ihm sehr ge-
schätzten Vorgesetzten und trug ihm voll Vertrauen auf seine Unterstützung
ein Übel vor, das nicht nur seine Amtsführung erschwerte, sondern auch
seine Gemeinden betraf. Er schrieb:

Seit einigen Jahrhunderten stunden Nellingen, Oppingen und
Eichen unter ein und demselben Pfarr- und Civilamt. Allein, seit
1804 wurde unter Königlich Baierischer Herrschaft Nellingen mit
Eichen zum Landgericht Wiesensteig, hingegen Oppingen zum
Landgericht Geißlingen geschlagen. Alle obige drei Orte verblieben
unter dem Pfarramt Nellingen.
Wie ferner Wiesensteig unter Königlich Wirtembergische Regie-
rung kam, so wurden Nellingen und Eichen dem Landgericht
Söflingen einverleibt, Oppingen verblieb unter dem Landgericht
Geißlingen, aber alle drei Orte blieben ungetrennt beim Pfarramt
Nellingen.

Wie wir das große Glik erhielten, unter Königlich Wirtembergische
Regierung zu gelangen, wurde Nellingen und Eichen dem Oberamt
Blaubeuren zugethan, Oppingen aber blieb bei Geißlingen, und
Mutter- und Filialkirche blieb auch wieder beisammen.
Es stehen also obige drei Orte wie von Alters her so noch bis iezt
unter einem Pfarramt, seit 1804 aber unter zwei Civilämtern. Dieß
hat zur Folge, daß alle Königliche Befehle doppelt oder von zwei
Oberämtern, alle Kirchen- und Schulverordnungen durch zwei

Dekanate, Blaubeuren und Geißlingen, da der Herr Dekan von Geißlingen Oppingen zu seiner Diözese ziehen wollte, an mich, den Pfarrer von Nellingen, gelangen, welches nichts anderes als Kollisionen, Widerspruch und Verwirrung erzeugt, wie ich es sechs Jahre unter Königlich Baierischer Regierung erfuhr, indem das eine Landgericht eine Königlich Verordnung gar nicht oder dem andern widersprechend zukommen ließ, ebenso war es auch bei Schuldistriktsinspektionen in Ansehung der Schulen, daß man öfters nicht wissen konnte, was zu thun und zu lassen sey.

Aus diesem erhellet, daß es das größte Glik für Nellingen, Oppingen und Eichen wäre, wenn ihre politische Trennung gehoben, und sie wie unter ein Dekanat so auch unter ein Oberamt, nemlich unter das Königliche Oberamt und Dekanat Blaubeuren gethan würden. Euer Hochwürden werden daher dringend gebetten, diese für alle drei Orte so wichtige Sache bei einer höheren Instanz einzuleiten, damit sie der allerhöchsten Gnade sich zu erfreuen haben möchten, wie unter einem Königlichen Dekanat, so unter einem Königlichen Oberamt zu sehen".

Leider blieb diesem Bemühen der Erfolg versagt, denn Oppingen gehörte noch fast 130 Jahre zum Oberamt Geislingen und kam erst 1938 zum Landkreis Ulm.

Doch zurück. Noch war eine andere ihm ärgerliche Spur bayrischer Herrschaft nicht getilgt, und so griff er aus Liebe zur Oppinger Schuljugend am 16. April 1811 erneut zur Feder und erbat Weisung:

In dem Filial Oppingen, zur Pfarrei Nellingen und zum Dekanat Blaubeuren gehörig, wurde alle Jahre am Maientag in der Kirche ein Gespend an Brod, Geld, Papier an die Schuljugend seit undenklichen Zeiten ausgetheilt, welches die dortige Heiligenfabrik zu prästiren hatte, um diese zum Fleis dadurch zu ermuntern. Da aber bei der Königlich Baierischen Regierung alle Heiligenfabriken zusammengeworfen, und einer allgemeinen Administration übergeben wurden, so wurde diese Stiftung ganz aufgehoben, und dadurch die Jugend aller Ermunterung beraubt, so daß sie nun nichts mehr erhält. Allein dieß ist den preißwürdigen Anstalten der Königlich Wirttembergischen Regierung ganz entgegen, nach welchen iede Schule gehoben, und nicht zurückgesetzt werden soll, so wie auch dem Zwecke der Stiftung dieses Gespends zuwider laufend.

Meine gehorsamste Anfrage und Bitte gehet daher an ein Hochwürdiges Dekanat, ob nicht diesen nächstkommenden Maientag dieses viele Jahre ausgetheilte, und nur auf kurze Zeit unterbrochene Gespend wieder aufs neue, und so von Jahr zu Jahr fortgehende Gespend ausgetheilt werden dürfte, um die Jugend zum Fleis zu gewinnen, und den bewiesenen zu belohnen.

Ich erwarte nun von Einem Hochwürdigen Dekanat eine meinem Wunsche entsprechende Bestimmung hierüber, und mit schuldiger Submißion und Hochachtung verharret

Eur Hochwürden
meines Hochzuverehrenden Herrn Dekans
gehorsamster Diener

Nellingen am 16den April 1811
Hebich, Pfarrer zu Nellingen und Oppingen

Die Antwort aus Blaubeuren kam schnell. Bereits drei Tage später wußte der Pfarrer, „daß es wieder dörfte ausgetheilt werden". Doch seine Freude darüber war kurz, sie währte nicht einmal bis zum Abend! Am gleichen Tag war nämlich in Oppingen Schulexamen, und bei dieser Gelegenheit erfuhr er, „daß das hochlöbliche Oberamt Geißlingen zur Vermehrung des Schuleinkommens des Schulmeisters in Oppingen dies Maiengespend ihm zugestanden habe". Ratlos fragte er: „Nun wo hinaus?"

Da die mit der Stiftung verbundene Absicht aber auf diese Weise ganz und gar nicht erfüllt war, setzte er sich über den Geislinger Entscheid hinweg! Doch nun war der Oppinger Schulmeister über die Schmälerung seines Einkommens unzufrieden und erhob Einspruch. Etwa vier Jahre später wurde der Blaubeurer Dekan im Spezial-Synodal-Rezeß vom Mai 1815 gebeten, „näher anzugeben, warum dem Filial-Schulmeister in Oppingen das ihm zustehende Maiengespend nicht abgereicht werde, woher er dasselbe zu erhalten habe und ob etwa hierzu die höhere Ratifikation – die Bestätigung – abgehe?"

Im Frühjahr 1811 mußte für die in den württembergischen Kirchendienst übernommenen Pfarrer der ulmischen Kirche die Besoldung und Versorgung geklärt werden. Mitte April erreichte den Nellinger Pfarrer ein Schreiben des Oberkonsistoriums, in dem nach der Versorgung der Pfarrwitwen und Pfarrwaisen, sowie nach der Besoldung der Vikare in der ulmischen Kirche gefragt wurde. Als erfahrener älterer Pfarrer gab er in einem langen Brief zu allen ihm bekannten Einzelheiten gewissenhaft Auskunft. Schon wenige Monate später war die Hinterbliebenenversorgung der früher ulmischen Pfarrer geregelt. Hebichs Bemerkungen vom Herbst 1811 zeigen, wie hart diese neue Regelung einen älteren Pfarrer treffen konnte. Was er zum Eintritt in das neue Institut zu entrichten hatte, entsprach fast einem Viertel seines Jahreseinkommens! Er bemerkte:

„Im Oktober erhielten die Glieder des Ulmischen Pfarrwitwen und Waisen-Instituts die gedruckte Nachricht, in das altwirttembergische Pfarrwitwen – und Waisen-Institut eintretten zu dürfen unter folgenden Bedingungen: Zum Eintritt 30 Gulden, für iedes vorige Dienstjahr 5 Gulden, und dann alle folgenden Jahre für ieden Gulden jährlichen Einkommens 4 Heller zu erbringen. Mich trafs, da ich 27 Jahre im Amte bin, 165 Gulden. Wenn aber einer auf eine altwirttembergische Stelle von den Ulmern befördert wird, muß er in das altwirttembergische Institut eintreten. Hebich, Pfr."

Nach diesen ersten Briefen, die vom Alltag und den Problemen eines Dorfpfarrers berichteten, richtet sich nun der Blick auf die schwerwiegenden Ereignisse jener wechselvollen Zeit. Das Jahr 1811 war in dem von Kriegen und Umwälzungen bestimmten Zeitabschnitt sehr ruhig verlaufen. In den am 24. April, 18. Mai und 2. Oktober 1810 mit dem Kaiser von Frankreich in Compiègne und Paris abgeschlossenen Staatsverträgen hatten die Grenzen des württembergischen Königreichs eine Erweiterung und Veränderung erfahren. Das Land hätte für seine Entwicklung nun über längere Zeit ruhige politische Verhältnisse nötig gehabt. Doch schon sehr schnell zog neues Unheil herauf. Schwere kriegerische Auseinandersetzungen kündigten sich an. Zudem war es bereits 1811 zu einer Mißernte im Lande gekommen, die in den folgenden Jahren wiederkehrte und in den Hungerjahren von 1816 und 1817 ihren Höhepunkt erreichte.

Dieses unruhige zweite Jahrzehnt des 19. Jahrhunderts hat den altulmischen Gemeinden der Alb, die seit 1810 zum Königreich Württemberg gehörten, auch im kirchlichen Leben nachhaltige Veränderungen gebracht. Im Gottesdienst fand nun das württembergische Agenden- und Gebetbuch mit der Liturgie von 1809 Verwendung, und für den Gemeindegesang kam das in der Württembergischen Kirche benutzte rationalistische Gesangbuch von 1791 in Gebrauch. Außerdem wurde der monatliche Kirchenkonvent und die im Ulmischen nicht übliche Konfirmation eingeführt.

Von Nellingen ist bekannt, daß am Sonntag, 17. Februar 1811, die erste Sitzung des Kirchenkonvents stattfand, und daß man am Sonntag Jubilate, den 5. Mai, mit 17 Töchtern und 14 Söhnen die erste Konfirmation in der Gemeinde gefeiert hat. Zu diesen ersten Konfirmanden gehörte auch der Pfarrerssohn Johann Albrecht Hebich, der später die Offizierslaufbahn wählte und schließlich den Rang eines „Königlich Französischen Capitaines" erlangte. Sein jüngerer Bruder Samuel, der bekannte Indienmissionar der Basler Mission, wurde 6 Jahre später, am 4. Mai 1817, in der Nellinger Andreaskirche konfirmiert. Wie die Fama berichtet, bekam er das Geschenk des Vaters zu diesem Tag, eine Tabakspfeife, im Pfarrhaus mit den Worten überreicht: „So, jetzt bist Du ein Mann."

Doch zurück. In jenem ruhigen Jahr 1811 wurde mit Nachdruck das Bestreben verfolgt, in der durch Gebietszuwachs größer gewordenen württembergischen Kirche eine einheitliche Ordnung zu schaffen.

Zu den selbstverständlichen Pflichten jedes Pfarrers gehörte die pünktliche, zuverlässige und rasche Beantwortung vorgelegter Fragen. Besondere Aufmerksamkeit und gewissenhafte Beachtung aber erforderten alle Anordnungen der Obrigkeit.

Im Sommer 1811 wandte sich das Stuttgarter Oberkonsistorium auf Befehl Seiner Majestät Regierung über das jeweils zuständige Generalat mit einem Zirkular zur Pfarrerkleidung an die Dekanatämter. Das danach an die Pfarrer weitergeleitete Schreiben mußte im Rescriptenbuch jeder Pfarrei eingetragen werden. Dadurch blieb es bis heute in seinem vollen Wortlaut als interessantes Zeitdokument erhalten. Es beginnt:

Herren Kollegen.
Euren Hochwürden habe ich das nachstehende vom Königlich Hochwürdigen Generalat mir zugekommene Circulare zu kommuniziren:

„Seine Königliche Majestät haben auf Allerhöchst Ihrer Reise wahrgenommen, daß bei den Evangelischen Geistlichen die größte Ungleichheit und zum Theil Unschicklichkeit in der Kleidung stattfindet, indem sich Geistliche ganz in weltlicher Kleidung, ohne Überschlag und Mantel, ja sogar mit einem Tituskopf und Backenbart Seiner Königlichen Majestät vorgestellt haben; auch öfters Pfarrer, selbst in der Nähe der Königlichen Residenzen in einem Aufzug erschienen sind, der eher auf einen Professionalisten, – einen Handwerker – als auf einen Geistlichen schließen ließe. Da nun Seine Königliche Majestät bei der leider immer mehr abnehmenden Ehrfurcht für die Religion es als ein dringendes Bedürfnis ansehen, durch äußerliche Zeichen sowohl das Volk zu dieser Ehrfurcht, als die Geistlichen zu einem anständigen, und ihrem Amte angemesseneren Betragen, zurückzuführen; so behalten zwar Allerhöchst-Dieselben sich vor, für sämmtliche evangelische Geistliche des Reichs eine einförmige Kleidung allergnädigst noch zu bestimmen; einstweilen aber wird sämmtlichen Dekanat-Ämtern hiemit allergnädigst aufgegeben, allen ihren untergeordneten Geistlichen wiederholt einzuschärfen, daß sie in ihrer Kleidung und insonderheit auch in denjenigen Theilen, worüber bis jetzt keine bestimmte Vorschrift gegeben ist, alles Unschickliche und ihrem Stand Unangemessene und Gesuchte auf das Sorgfältigste vermeiden, vielmehr sich eben so sehr durch Reinlichkeit in ihrem Anzuge, als durch einen der Würde und dem Ernst ihres geistlichen Amts entsprechenden Anstand im Äußerern überhaupt zu jeder Zeit, vorzüglich aber in ihren Amtsverrichtungen, und bei öffentlichen Veranlassungen auszeichnen sollen.

Von den Königlichen Dekanat-Ämtern erwartet man, daß sie, was man ohnehin mit Zuversicht hoffen darf, ihren Diözesan-Geistlichen nicht nur mit ihrem Beispiel vorangehen, sondern auch mit Ernst darauf sehen werden, daß dieser Erinnerung und Weisung Genüge geschehe, wie sie dann bei jeder Veranlassung, besonders auch bei den Kirchen-Visitationen, ihr Augenmerk darauf richten, auch wenn ihre etwa erforderliche Ermahnungen fruchtlos seyn sollten, davon zu weiterer Verfügung dem Königlichen Ober-Consistorium die Anzeige machen werden.

Gegeben in Unserem Königlichen Ober-Consistorium, den 30. Juli 1811.

Abschließend fügte der Dekan an:

„Ich bitte nun, Euer Hochwürden, alles zu vermeiden, was diesem Allerhöchsten Befehl entgegen ist, hingegen in Ihrem Anzug und ganzen Äußeren alles zu beobachten, was demselben gemäß ist, bis die uniforme Kleidung angeordnet seyn wird.
Hiermit habe ich die Ehre, mit der größten Hochachtung zu verharren,

Euer Hochwürden
Meiner Hochzuverehrenden Herren Collegen

Blaubeuren,	gehorsamster Diener
den 12. Aug. 1811.	M. Baur.

Schon am 29. Oktober erging dann diese Königliche Verordnung. Sie legte die Kleidung der evangelischen Geistlichen im Königreich genau fest und war innerhalb weniger Wochen allgemein durchzuführen. Daß es dabei, wie der Dekan formuliert hatte, wirklich um eine „uniforme Kleidung" ging, machen die anschließend wiedergegebenen Einzelheiten deutlich:

> „Seine Königliche Majestät haben sich bewogen gefunden, in Absicht der Kleidung der evangelischen Geistlichkeit Folgendes zu verordnen:
> Sämmtliche Geistlichen dieser Confession ohne Unterschied, nebst den Candidaten, sollen bei kirchlichen Verrichtungen und bei feierlichen Gelegenheiten den bisher eingeführten Kirchenrock, jedoch mit einem stehenden Kragen, und auf der Brust statt der Haften, mit Knöpfen tragen.
> Nur den Feldpredigern ist, wenn sie mit den Truppen ins Feld ziehen, das Tragen kurzer Mäntel gestattet.
> Die Prälaten, sowie der Hofkaplan, tragen den Kirchenrock von Seide; die übrigen Geistlichen von Wolle.
> Zu dieser Kleidung wird ein Barret, und zwar von den Prälaten und dem Hofkaplan von Sammt, von den übrigen Geistlichen aber von Filz getragen."
> Da die Haartracht mancher Pfarrer und Vikare Anstoß erregt hatte, mußte auch dazu Weisung ergehen: „Die Haare dürfen nicht gekräuselt seyn, sie werden glatt getragen, am Hinterhaupte rund abgeschnitten, und reichen bis an das Ende des aufstehenden Kragens; Perüken sind zu tragen gestattet."
> Außer der Amtstracht war auch die Alltagskleidung genau reglementiert. „Zur ordinairen Kleidung" mußten schwarze Unterkleider und entweder schwarze oder graue oder dunkelblaue Röcke „bis auf die Mitte des Körpers zugeknöpft und mit viereckigten gerade herunter geschnittenen Schössen getragen werden".
> Bereits „am eintretenden Neujahrstag", den 1. Januar 1812, sollte die vorgeschriebene Kleidung durchgängig eingeführt sein.
> Schließlich wurde „sämmtlichen evangelischen Geistlichen im Königreiche diese allerhöchste Verordnung zur genauesten Nachachtung bekannt gemacht". Ferner hatten insbesondere die General-Superintendenten und die Dekane nicht nur selbst die gegebene Vorschrift zu befolgen, „sondern auch über der pünklichen Beobachtung derselben von Seiten der ihnen untergeordneten Geistlichen und Candidaten mit allem Ernst zu wachen, auch von jedem Contraventionsfall Bericht an das Königliche Ober-Consistorium zu erstatten".

Diese befohlene Kleiderordnung war nicht nur Ausdruck königlichen Herrscherwillens, vielmehr verband sich damit die ernsthafte Absicht, einer drohenden religiösen Krise zu begegnen.

Die nächsten überaus unruhigen Jahre waren diesem Bestreben, der „abnehmenden Ehrfurcht für Religion" zu wehren, wenig dienlich. Immer neue, die Verhältnisse grundlegend verändernden Ereignisse überstürzten sich und hielten damals jedermann in Atem. Dann trat eine Entwicklung ein, die Schlimmstes befürchten ließ.

1812 wurde zu einem schweren Jahr. Nachdem bereits im Frühjahr immer wieder große französische Truppenverbände in Richtung Osten durch das Königreich gezogen waren und dabei auch in den armen Albdörfern ihre unabweisbaren Forderungen nach Quartier, Verpflegung, Proviant und Vorspann für ihre Gespanne gestellt hatten, kam es – ohne Kriegserklärung – zum Krieg mit Rußland. Ende Iuni 1812 setzte Napoleon sein aus verschiedenen Nationen gemischtes Heer, das zwischen Weichsel und Memel aufmarschiert war, nach Osten in Marsch. Unter den 600 000 Mann seiner Grand Armée waren auch württembergische Hilfstruppen in der Stärke eines Armeekorps. Von den 15 800 Mann erreichten 2 400 Moskau; etwa 800 überlebten bei heftigen Schneestürmen und klirrender Kälte Krieg und Rückzug. König Friedrich, der sich damals nur schweren Herzens zur Erfüllung der französischen Vertragsbedingungen entschlossen hatte, war über diesen hohen Blutzoll seiner württembergischen Untertanen tief bestürzt.

Durch die Kriegsereignisse, die auch noch die Jahre 1813 und 1814 bestimmt hatten, war nicht nur neue Not über das Volk gekommen, sondern es war allem nach auch noch so manches bei den Ämtern und vorgesetzten Behörden ins Stocken geraten. Darauf deutet das folgende Schreiben vom März 1813 hin:

> Hochlöbliches Gemeinschaftliches Oberamt
>
> An das Hochwürdige Dekanat Blaubeuren mußte das Pfarramt Nellingen auf allerhöchsten Befehl sub 6ten Mai 1812 ein Besoldungs-Verzeichnis des Schul-Provisorats Nellingen einsenden, und sandte es gehorsamst ein.
> Das Kirchenkonvent zu Nellingen gab dann an das Hochlöbliche Gemeinschaftliche Oberamt Blaubeuren sub 15ten Merz 1812 auch eine Bittschrift ein, daß die Besoldung des Schulprovisors zu Nellingen von jährlich 62 fl. auf 100 fl. dürfte erhöht werden. Allein hierüber wurde bis daher noch keine allergnädigste Ratification hieher gesandt.
>
> Wir bitten nun gehorsamst, daß dieß geschehe, und verharren mit schuldigem Respekt
> Eines Hochlöblichen Gemeinschaftlichen Oberamts
>
> Nellingen, den 19. Merz 1813   gehorsamste Diener
>   Hebich, Pfarrer zu Nellingen
>   Schultheiß Näher.

Das lange Schweigen der vorgesetzten Behörde bereiteten dem Pfarrer und dem Schultheißen Sorge. Sie standen ihrem Schulprovisor gegenüber, der ungeduldig auf besseren Lohn wartete, voll im Wort. Sein Jahreslohn von 62 fl. war in der Tat nicht üppig, denn er entsprach ungefähr 1 758.– DM.

Das Leben war damals für alle in jeder Hinsicht hart und bitter, denn außer der friedlosen Vorherrschaft Napoleons erwies sich auch der absolutistisch geprägte Regierungsstil des eigenen Königs als drückende Last.

Durch einen im August 1813 an die Dekanatämter gerichteten Erlaß bekamen dies alle Pfarrer und Schulmeister ganz besonders zu spüren:

„Da Seine Majestät allen Königlichen Dienern jedes Gerede und Äußerung über die politischen Verhältnisse der Europäischen Mächte, über den neu ausgebrochenen Krieg die diesfalls nötige Maßregeln und dergleichen bei Strafe der Kassation, auch nach Befund der Umstände noch schwererer Ahndung verbotten haben, so wird solches den Königlichen Dekanatämtern zur Nachachtung und um sämtliche untergeordneten Diener davon in Kenntnis zu setzen, auch dieselben die geschehene Publikation unterschreiben zu lassen, bekannt gemacht."
Stuttgart, den 22. August 1813.   Königliches
                                      Oberkonsistorium.

Ergänzend fügte das Dekantamt hinzu:
Die Geistlichen sollen dies ihren Schullehrern auch bekannt machen.
Blaubeuren, den 28. August 1813.   M. Baur, Decanus.

Schon im Jahr 1812 war unter harter Strafandrohung im Regierungsblatt das Verbot erlassen worden, „daß weder Pfarrer noch Schullehrer Zeugnisse über Gebrechen der Konscriptionspflichtigen ausstellen sollen, bei Strafe von 30 Reichsthalern und zweitens der Remotion" – der Absetzung.

Die bedingte Wehrpflicht, damals Konscriptionspflicht genannt, ließ zwar noch Loskauf zu, wurde aber von der zuständigen Behörde den Erfordernissen angepaßt und im allgemeinen streng gehandhabt.

Mitte Oktober 1813 kam es in der Völkerschlacht bei Leipzig, der bisher größten Schlacht der Weltgeschichte, mit 300 000 Soldaten und ungefähr 100 000 Gefallenen, zu einer vernichtenden Niederlage der Armee Napoleons. Er verlor dadurch seine Vormachtstellung in Europa, und der seit 1806 unter seiner Schutzherrschaft stehende Rheinbund löste sich noch im selben Monat auf. Schließlich überschritten die Verbündeten, zu denen auch württembergische Truppen gehörten, um die Jahreswende 1813/14 den Rhein. Ihr Kriegsziel: Die Zerschlagung des Napoleonischen Kaiserreichs. Bereits nach drei Monaten war Paris gefallen und Napoleon bekam nach seiner Abdankung am 6. April 1814 das Fürstentum Elba als Aufenthaltsort zugewiesen.

Ein Rescript vom 7. April 1814 ordnete an, daß „wegen der Siege der Alliirten über die französische Armee und der am 31. Merz erfolgten Einnahme von Paris" am 11. Mai im ganzen Königreich ein Dankfest gefeiert wird.

Doch die Siegesfreude blieb nicht ungetrübt. Der „Königlichen Section des Medizinalwesens" bereitete das Auftreten einer ansteckenden Krankheit im Lande große Sorge. „Vermöge eines allerhöchsten Befehls" wurde daher die von Januar bis März mehrmals in den Regierungsblättern erlassene „Verordnung zur Verhütung der Ausbreitung des Nervenfiebers" im April 1814 über die Dekanatämter auch an die Pfarrer gegeben. Sie sollten ihre Gemeinden „über die Zweckmäßigkeit des Bekanntgemachten" unterrichten und entsprechend belehren. Zugleich wurde ihnen selbst aufgetragen, „im allgemeinen jede nur mögliche Vorsicht beim Besuch der Nervenfieberkranken walten zu lassen" und im besonderen als Vorbeuge- und Vorsichtmaßregeln empfohlen:

1. Sich unmittelbar vor dem Besuch bei einem solchen Kranken Gesicht und Hände mit Wasser und Essig zu waschen, etwas Wein zu sich zu nehmen oder irgend eine andere erprobte, von Kennern empfohlene Präservation zu gebrauchen.
2. Sich bei solchen Besuchen einer eigenen Kleidung zu bedienen, sie an einem besonderen Ort aufzubewahren und jedesmal nach dem Gebrauch durch Mineralsäure auszuräuchern.
3. Ohne Begleitung des Mesners oder irgend einer andern Person, die etwa zur Privatkommunion eines solchen Kranken den Kelch oder das Agendenbuch trägt, in das Krankenzimmer zu gehen. Auch im Krankenzimmer selbst das Agendenbuch und den Kelch niemand in die Hand zu geben und letzteren nach dem Gebrauch sorgfältig ausreinigen zu lassen.
4. Für die Räucherung des Krankenzimmers vor dem Betreten und wenn es nur immer angeht, auch für die Öffnung der Fenster vor und während der Anwesenheit Sorge zu tragen.
5. Vor dem Weggehen aus dem Krankenhaus oder falls das nicht tunlich wäre, wenigstens unmittelbar nachher die Hände mit Seife zu waschen und den Mund mit Weinessig auszuspülen.
6. Unmittelbar nach dem Besuch bei einem Nervenfieberkranken keine andern Besuche, besonders keine Schulbesuche zu machen.

Welcher Krankheit galten nun alle diese Vorsichtsmaßnahmen? Es handelte sich bei der mit Beginn der zweiten Krankheitswoche unter ständig hohem Fieber und Durchfällen verlaufenden Erkrankung um Typhus! Dabei bewirkten die ins Blut gelangenden Giftstoffe der Erreger – die erst 1880 entdeckt wurden – starke Benommenheit, die bis zu richtigen Delirien führen konnte. Von dieser Störung der Gehirntätigkeit mit Irrereden rührte die damals gebräuchliche Bezeichnung „Nervenfieber" her.

Diese lebensgefährliche Seuche hatte sich seit dem Rückzug der geschlagenen Armee Napoleons aus Rußland rasch ausgebreitet. Die Erreger wurden durch Kleiderläuse übertragen, die in den Uniformen der Soldaten eingeschleppt worden waren. Vor allem Bewohner von Häusern, in denen man gegen Bezahlung Einquartierung aufgenommen hatte, wurden befallen, und oft litten ganze Familien an Flecktyphus.

Im Nellinger Sterberegister sind in jenen Jahren keine Todesfälle durch „Nervenfieber" verzeichnet; so darf man annehmen, daß das Dorf von schwerem Typhus verschont blieb.

Für Pfarrer Hebich und seine Familie brachte das Jahr 1814 Großes und Schweres. Sein Sohn Friedrich Karl, der die Offizierslaufbahn eingeschlagen hatte, diente als Kadett im Infanterie-Regiment Nr. 8. Er war am 15. August 1813 zum Seconde-Leutnant befördert worden und nahm 1814 als junger Offizier am Frankreich-Feldzug teil. Am 11. Iuni 1814 hat ihn der württembergische König für seine Tapferkeit mit dem Militär-Verdienstorden ausgezeichnet. Gleichzeitig war ihm der Personaladel verliehen worden. Sein junges Leben nahm fast genau einen Monat später ein tragisches Ende. Nach der Rückkehr aus Frankreich ist er am Nachmittag des 12. Juli 1814 in der Regimentsgarnison Neuenstadt beim Baden im Kocher ertrunken. Der Vater trug ins Nellinger Totenbuch ein: „Friedrich Karl von Hebich, Seconde-Lieutenant im Württembergischen 7. Linien-Infanterie-Regiment und Ritter des Militär-Verdienstordens, 19 Jahre, 5 Monate alt."

Im Königreich Württemberg kam es nach dem Ende der Napoleonischen Kriege zu innenpolitischen Veränderungen. König Friedrich, bisher von absolutistischem Herrscherwillen erfüllt, legte den württembergischen Landständen bereits im März 1815 eine Verordnung vor, die den in Frankreich zum Durchbruch gelangten monarchischen Konstitutionalismus zum Vorbild nahm. Obwohl damit eine gedeihliche Entwicklung des Königreichs angestrebt wurde, und unter anderm auch die Rechtsgleichheit der Untertanen vorgesehen war, fand diese Verfassung keine Zustimmung. In Wirklichkeit hatte der König trotz seiner Hinwendung zum Volk kaum ewas von seinen Rechten preisgegeben. Dazu gibt eine kurze, im Nellinger Rescriptenbuch verzeichnete Anweisung des Oberamts Blaubeuren einen Hinweis. Pfarrer Hebich notierte:

> „König: Durch welchen Ort er reiset, da haben die Pfarrer und Schultheißen vor ihm zu erscheinen.
> Blaubeuren, 20. September 1816."

Wenige Wochen danach teilte dann der Thronerbe – König Wilhelm – in seinem ersten Dekret mit:

> „Es hat der göttlichen Vorsehung gefallen, Seine Majestät, den Allerdurchlauchtesten König, Friedrich, unseres vielgeliebten Herrn Vaters Gnaden, heute morgens 2 Uhr aus diesem Leben abzurufen."

Nach kurzer Krankheit war der erste württembergische König in den Morgenstunden des 30.Oktober 1816 verstorben.

Die Jahre 1816 und 1817 prägten sich ins Gedächtnis der damals Lebenden noch tiefer als die andern vorausgegangenen Schicksalsjahre ein. Im Todesjahr König Friedrichs nahmen Hungersnot und Teuerung im Lande so sehr überhand, daß viele Arme Gras und Holzbrot essen mußten und fast die Hälfte der Bevölkerung bettelte. Zwar suchte König Wilhelm und seine junge Gemahlin, Königin Katharina, durch die Einfuhr von Getreide aus ihrer russischen Heimat, die Not zu lindern, und mit der Gründung des Zentralvereins, einer organisatorischen Zusammenfassung bereits bestehender kirchlicher und privater Wohltätigkeitsvereine, vielen den schlimmsten Hunger zu stillen. Doch zu einer spürbaren Wende kam es erst nach der Ernte im Jahr 1817. Aus jener Zeit der Teuerung und des Hungers sind da und dort in den Kirchen und Museen des Landes noch Erinnerungsstücke zu finden. Dazu zählen die Hungerbilder, verschiedenartig gestaltete Schmuckblätter, die meist eine Darstellung der feierlichen Einholung des ersten Erntewagens zeigen, und die Hungerbrote, kleine Kreuzerwecken, die im Laufe der Monate aus Mangel an Mehl immer noch kleiner ausgefallen waren.

Nach der reichen Ernte des Jahres 1817 wurden in vielen Kirchen die ersten Garben aufbewahrt. Noch heute hängt in der Kirche von Asch bei Blaubeuren ein Schrein mit der ersten Garbe, die damals in der Gemeinde geerntet worden war. Außerdem hielten Gedenkmünzen die Erinnerung an die schlimme Notzeit wach.
Unter diesen „Hungertalern", die es in verschiedenen Ausführungen gab, stellt der „Stettnersche Schraubtaler" eine Besonderheit dar. Es handelt sich um eine als Medaille ausgeführte, verschraubbare Metallkapsel, die runde, bedruckte Papierblättchen mit Schilderungen der Hungerjahre enthält. Dem kleinen, kolorierten Kupferstich auf der Vorderseite ist auf der Rückseite ein kurzer, beschreibender Text beigefügt. Heute sind diese Taler kostbare, in Museen gehütete Schätze und beredte Zeugnisse längst vergangener Notjahre. Auch in manchen Häusern werden sie noch immer als Andenken an die Vorfahren in Ehren gehalten und seit Generationen als Familienstücke weitervererbt.

Im Spätjahr 1817 stand dann nach arbeitsreichen, anstrengenden Erntewochen noch ein Jahrhundertfest bevor. In allen evangelischen Gemeinden des Königreichs feierte man am Freitag, 31. Oktober, und an den folgenden Tagen, das „Sekular-Reformationsfest". Damit es würdig begangen werden konnte, sollte alles „in den Kirchen und außer ihnen repariert werden". Allerdings mußte man dabei, der Not wegen, sehr sparsam verfahren. Die gesamten Ausgaben für diese Arbeiten durften höchstens 50 Gulden betragen! Der Festtag wurde an zwei vorausgehenden Sonntagen mit der Verlesung „gedruckter Vorschriften", einer Katechese mit den Schulkindern und einer weiteren Belehrung in der Woche gründlich vorbereitet. Dazu berichtet Pfarrer Hebich aus Nellingen, daß nach festlichem Einläuten am Vorabend und in der Frühe, der Magistrat und die Schule am Morgen des Festtags „in Prozession zur Kirche zogen". Außerdem wurde morgens vor dem Gottesdienst und mittags vor der Betstunde – und auch nach der Predigt – vom Kirchturm „Vokal- und Instrumental-Musik" dargeboten. Auch die beiden folgenden Tage waren mit Betstunde und Beichte, Abendmahl und Predigt noch festlich begangen worden. Sein Bericht schließt: „In der Kirche hing am Altar eine runde Tafel mit Luthers Bildnis, welches nun für immer linker Hand der Kanzel an die Wand kommt."

Im Juli 1817 hatte der überraschende Tod von Dekan Baur zu einem Wechsel im Blaubeurer Dekanat geführt. Diese Veränderung wirkte sich auch auf den Schriftverkehr Hebichs mit dem Dekanat aus. Als sich im Juli 1818 der neue Herr Dekan zu seiner ersten Visitation angesagt hatte, erging an ihn dieser Brief:

> Hochwürdiges Dekanatamt.
>
> Ich werde gehorsamst alles, was zur Visitation hier gehört, bestellen. Der vorherige hochwürdige Herr Dekan logierte hier immer im „Hirsch", da ich in meinem schlechten Hause keinen Mann von Distinction aufnehmen kann, indem er in einer Kammer schlafen müßte, wo der Staub von der blos bepretterten Bühne ihm ins Gesicht fallen würde. Da nun Euer Hochwürden nichts bestimmen, wo Sie übernachten wollen, in meinem elenden Hause oder im „Hirsch" allhier, so bitte ich gehorsamst, mir dieß zu wissen zu machen, damit ich den Hirschwirth davon benachrichtigen, oder in meinem Hause die Anstalten darzu treffen könne.

> Mit Estime verharret   Euer Hochwürden
> Nellingen den 19. Juli 1818   gehorsamster Diener
>   Hebich, Pfarrer.

Im Nellinger Pfarrhaus mußten damals gewiß keine Anstalten für den Aufenthalt des Dekans getroffen werden. Schon vor Jahren, Ende Oktober 1810, war folgender Befehl der Königlichen Synode ergangen:

> „Da die bisherige Sitte, daß bei Kirchenvisitationen der Dekan das Mittgessen bei dem Pfarrer nahm neben dem beträchtlichen Kostenaufwand, der durch diese Mahlzeiten verursacht wurde, dem Verhältnis des höheren Dieners gegen den untergeordneten, und den Zweck des Kirchenvisitations-Geschäfts nicht angemessen erachtet wird, so ist befohlen, daß die Mahlzeiten nicht mehr stattfinden sollen, und weder der General-Superintendent bei dem Dekan, noch dieser bei dem Pfarrer, der visitiert wird, Wohnung und Kost nehmen dürfe.

Welche Bedeutung man diesem Befehl beimaß, wird anschließend deutlich. Da er nicht überall Beachtung fand, ließ das Königliche Konsistorium durch die General-Superintendenten im Mai 1815 eine Rüge und Warnung an die Dekane ergehen. Sie waren „ernstlich zu ermahnen, daß sie der so weisen Königlichen Verordnung strenge Folge leisteten".

Unter keinem Vorwand sollen sie sich „irgend eine auch nur theilweise Abweichung" davon erlauben. Die Verordnung aus Bequemlichkeit zu mißachten, wäre schon verwerflich, „noch ungleich verwerflicher aber wäre es, aus interessirten Absichten entgegenzuhandeln". Auf diese Weise würde der Dekan „bei der wichtigsten seiner Amtshandlungen seinen Untergebenen das Beispiel der Übertretung der Gesetze geben, und sich dadurch in seinem amtlichen Ansehen vor diesen und der ganzen Gemeinde herabwürdigen". Sollte jedoch ein Dekan für die nötige Unterkunft und Kost sich nicht anders zu helfen wissen, blieb es ihm unbenommen, „bei der höheren Behörde Anzeige zu machen und die gehörige Erlaubniß zur Abweichung von der Allerhöchsten Vorschrift erbitten."

Anschließend erhielt der General-Superintendent die Weisung:

> „Da wir übrigens auf diese Vorschrift streng und unwandelbar zu halten, und die wider Verhoffen stattfindende Übertretung strenge zu ahnden gemeint sind, so machen wir auch Euch zur Pflicht, auf die genaue Beobachtung dieses Gesetzes in Eurem Generalate aufmerksam zu seyn, darüber, so viel es thunlich ist, Erkundigung einzuziehen, und von einer Euch bekannt werdenden Übertretung oder Abweichung sogleich zu weiterer Verfügung die Anzeige bei unserem Königlichen Consistorium zu machen."

Kurz darauf wiesen mehrere Dekane in Eingaben nach, daß sie in manchen Gemeinden ihrer Diözese weder im Ort selbst, noch in der Nähe, erträgliche Kost und Herberge finden können. Schon im September 1815 gestattete das Konsistorium, daß der Dekan in einem solchen Fall zwar „das bloße Nachtquartier, nicht aber auch das Mittagessen" bei dem zu visitierenden Pfarrer nehmen darf. Für das Mittagessen habe jeder Dekan selbst die Mittel, um sich „das Nöthige ohne Aushülfe des Pfarrers" zu verschaffen. Falls von der Erlaubnis, im Pfarrhaus zu nächtigen, Gebrauch gemacht wurde, war es im Visitationsbericht mitzuteilen.

In seinem ersten Visitationsbericht teilte der neue Blaubeurer Dekan nichts darüber mit. Er logierte wohl wie sein Vorgänger im „Hirsch". Allem nach war er damals mit der Gemeindearbeit in Nellingen zufrieden, denn er urteilte:

> „Pfarrer hat gute Gaben, predigt, catechesiert und arbeitet überhaupt mit Leichtigkeit. Auch hat er eine nicht unbeträchtliche Sammlung guter, besonders theologischer Schriften, die er fleißig benutzt. In seinem Amt tut er seine Schuldigkeit, in seinem Wandel ist er regelmäßig."

Pfarrer Hebich, der damals im 71. Lebensjahr stand, hatte schon über 20 Jahre den Pfarrdienst in Nellingen versehen. Seit seinem Aufzug mußte er zusammen mit der Gemeinde viele schwere und notvolle Jahre durchleiden und mit ihr das karge Leben in einem entlegenen Dorf teilen. Mit den Jahren aber setzte ihm das rauhe Albklima immer mehr zu und griff seine Gesundheit an. Deshalb mußte er im Herbst 1820 an den Herrn Dekan einen Entschuldigungsbrief schreiben :

> Euer Hochwürden
> habe ich gehorsamst anzuzeigen, daß ich die angenehme Gesellschaft
> in Dero Hause nächsten Mittwoch nicht genießen kann, so gerne ich
> es wünschte, da mich ein hartnäckiger Katharr daran hindert.
>
> Respektvoll verharret
> Nellingen den 11ten Sept. 1820 Hebich, Pfarrer.

Auch im September des folgenden Jahres konnte er aus dem gleichen Grund keine Einladung annehmen und mußte sich wieder entschuldigen.

Trotz anstrengendem Filialdienst und seiner mit zunehmendem Alter schwindenden Gesundheit hatte sich Pfarrer Hebich nie um einen Vikar bemüht. Ob ihn nur die damit verbundenen Kosten abschreckten oder vielleicht auch die „Collißionen", von denen immer wieder Kollegen berichteten?

Wie alle Pfarrer der Landeskirche hatte ihn im Dezember 1822 ein von ihm sorgfältig abgeschriebener Erlaß zu einem damals häufig auftretenden Problem erreicht. Es handelte sich nämlich um die Vikarsbesoldung. Da wir dazu an dieser Stelle Einzelheiten erfahren können, soll diese Gelegenheit nicht ungenutzt bleiben.

Ministerium des Kirchen- und Schulwesens
Königlich evangelische Synode

Im Namen des Königs

Um den manchfachen Collißionen, welche aus dem Mangel näherer und der gegenwärtigen Zeit angemessenen Bestimmungen über die Belohnung der Vikare von Seiten der Geistlichen entstehen, zu begegnen, will man verordnet haben, daß die Vikare

1. neben guter Kost, wie sie der Geistliche mit seiner Familie genießt, ferner Wäsche, Licht, und einem geheizten Zimmer, auf geringeren Pfarreien 70 – 80 Gulden, auf besseren und beschwerlicheren aber 90 – 100 Gulden Gehalt, dabei aber keine Accidenzien von Casualien, welche vielmehr dem Pfarrer (auch wenn der Vikar die Geschäfte versieht) verbleiben, anzusprechen habe.
2. In Ansehung der Abreichung des Weins wird verordnet, daß der Vikar da, wo der Pfarrer keinen, oder nicht weiter als einen

Eimer Wein zur Besoldung hat, gar keinen Wein, sondern über jedes Essen eine halbe Maas Bier, oder den Geld-Betrag dafür, wo der Pfarrer aber 2 Eimer und weiter Besoldung hat, über jedem Essen einen halben Schoppen Wein zu verlangen berechtigt ist, wenn er es nicht vorzieht, auch in diesem Fall ein halb Maas Bier, oder den Geld-Betrag dafür sich geben zu lassen.

Diese Verordnung beseitigte zwar einige Unklarheiten bei der Vikarsbesoldung, doch kam es, wie sich zeigen wird, noch Jahre später in manchen Pfarrhäusern trotzdem zu „Collißionen."

Als nach einem strengen Winter endlich der Frühsommer auf der Alb eingekehrt war, teilte der Dekan Mitte Iuni 1823 den vorgesehenen Termin seiner Nellinger Visitation mit. Er bekam umgehend Antwort :

Euer Hochwürden
habe ich die Ehre anzuzeigen, daß ich das werthe Schreiben erhielt, und alles zur Visitation veranstalten werde. Diesem schließe ich eine Bitte bei, den Aufenthalt bei mir zu nehmen, und verharre in Erwartung, daß sie geeignetes Gehör finde

Nellingen, den 19ten Iunius 1823

Euer Hochwürden
gehorsamster Diener
Hebich, Pfarrer.

In der folgenden Woche kam der Gast im Nellinger Pfarrhaus an und visitierte an zwei Tagen Schule und Kirchengemeinde. Was der Herr Dekan dabei feststellte, fand diesmal keine Zustimmung und blieb weit hinter seinen Erwartungen zurück. Darum fiel auch der Visitationsbescheid entsprechend aus:

Nellingen 23./24. Iuni 1823.

Nachdem Visitator bei der dißjährigen Kirchen- und Schulvisitation theils aus den Schultabellen ersehen, theils an Ort und Stelle sich selbst überzeugt hat, daß die Schulversäumnisse in Nellingen und Oppingen in den beyden lezten Jahren auf einen unglaublich hohen Grad gestiegen, und selten oder nie abgerügt worden sind, woher es denn auch kommt, daß bei allem guten Willen der Lehrer die Kinder in den sämtlichen Pensen die Fortschritte nicht gemacht haben, die man hätte erwarten können, so giebt er hiemit dem Kirchen-Convent angelegentlichst und bei eigener Verantwortung auf, diesen Versäumnissen nach Maßgabe der General-Schulverordnung von 1810 und der General-Synodal-Receße von 1822 nachdrücklichst und kräftigst zu steuern, ihm aber von nun an bis auf weiteres vierteljährlich zu berichten, wie diesem Visitationsreceße nachgelebt, und überhaupt das Schul-Geschäft getrieben werde.

Decanat-Amt   Bockshammer.

Bei der nächsten Kirchen-und Schulvisitation im Iuni 1825 kam es zu Terminschwierigkeiten. Der Pfarrer machte in einem Brief darauf aufmerksam und unterbreitete gleichzeitig seinen Vorschlag. Wie sich aber danach herausstellte, wirkte sich für ihn seine Anregung recht nachteilig aus. Er schrieb:

> Euer Hochwürden
>
> verehrliches Schreiben erhielt ich, und werde auf Dienstag alles anordnen, wie es bestimmt ist. Allein auf Mittwoch wird wol eine Änderung getroffen werden müssen, da an diesem Tag eine Hochzeitspredigt mit 10 Uhr eintritt. Vor dieser kann zwar der Durchgang nebst dem übrigen wol stattfinden, aber für die Katechisation kann diese Predigt eintretten, wie es schon einmal zur Zeit des Herrn Dekans Baur war.
>
> Ich hoffe, daß dieß genehmigt werde, und verharre mit vollkommenster Hochachtung.

Die vorgeschlagene Änderung kam zustande. Nach Abschluß der Visitation verfaßte der Dekan wieder den vom Konsistorium erwarteten Bericht. Wie in den Jahren zuvor hatte seine ganze Aufmerksamkeit dem Unterricht und der Rüge der Schulversäumnisse gegolten. Hier lag von neuem Grund zur Beanstandung vor. Doch nicht genug! Die Predigt der am Visitationstag gehaltenen Mittwochshochzeit sorgte zusätzlich für Ärger!

Offenbar bekam der Dekan aber auch den Eindruck, daß dem betagten Pfarrer die Arbeit nun zunehmend Mühe machte. Darum trug er ihm auf, sich in allem, was die Kirche und Schule betraf, an ihn zu wenden.

Schon nach wenigen Tagen richtete Pfarrer Hebich einen mit zitternder Hand geschriebenen Brief an den Dekan und bat darum, „sich unser großgünstig anzunehmen". Er war für jeden wohlwollenden Rat und für jede Unterstützung dankbar.

Monate später kam dann in der Königlich evangelischen Synode der vom Dekan erstattete Visitationsbericht von Nellingen ausführlich zur Sprache. Die Beratungen führten dazu, daß Mitte November 1825 zwei erwähnenswerte Erlasse ergingen:

Ministerium des Kirchen- und Schulwesens
Königlich evangelische Synode

Im Namen des Königs

Da man aus dem diesjährigen Visitationsbericht ersehen hat, daß die so zahlreichen Schulversäumnisse zu Nellingen und dem Filial Oppingen ganz und gar nicht bestraft werden, unerachtet der Kirchen-Convent durch Visitation-Recesse schon öfters dazu aufgefordert worden ist, die General-Schulverordnung diese vorschreibt,

und es durch die neuesten Synodal-Recesse auf das ernstlichste eingeschärft worden ist, so hat das gemeinschaftliche Obere Amt dem gemeinschaftlichen Unteren Amt und dem Kirchen-Convent zu Nellingen im Namen der Königlichen Synode aufzugeben, sich in Zukunft genau nach den gesetzlichen Vorschriften zu richten, auch den Pfarrer anzuweisen, dem Dekan, wie er es bereits verlangt hat, von Vierteljahr zu Vierteljahr einen genauen Bericht über die Schulversäumnisse und die Abrügung derselben zu erstatten.
Stuttgart, den 17. Nov. 1825.

Der Dekansbericht zur beanstandeten Hochzeitspredigt Hebichs über Psalm 127 Vers 3: „Siehe, Kinder sind eine Gabe des Herrn und Leibesfrucht ist ein Geschenk", stellte die Synode offenbar nicht voll zufrieden, und so sah sie sich zu einer weiteren Beanstandung genötigt:

Im Namen des Königs

Dem Dekan in Blaubeuren wird auf seinen Visitations-Bericht von Nellingen zu erkennen gegeben, daß er hätte anzeigen sollen, ob er dem Pfarrer die Unschicklichkeit seiner Wahl des Textes bey einer Mittwochs-Hochzeit und seines Lobes der wolzugebrachten Jugend des Brautpaars vorgehalten und verwiesen, und ihn auf die nachtheiligen Folgen einer solchen Darstellungsweise der Unkeuschheit aufmerksam gemacht habe; wofern dies nicht geschehen wäre, hat Dekan ihn hierüber noch zurecht zu weisen und demselben auf jeden Fall das Mißfallen der Königlichen Synode zu erkennen zu geben.
Stuttgart, den 17. Nov. 1825.

Pfarrer Hebich, dem das Dekanatamt diese Rezesse zu eröffnen hatte und das Mißfallen der hohen Behörde zur Kenntnis bringen mußte, stand damals im 78. Lebensjahr.

Um einem Dahinschwinden der Kirchenzucht Einhalt zu gebieten, gehörte es zu den Pflichten des Königlichen Konsistoriums, auf die strenge Wahrung der sittlichen und kirchlichen Ordnungen zu achten. Wurde an einem Ort ein Mißstand offenbar, erfolgte eine entsprechende Zurechtweisung des Pfarrers.

Unter der Einwirkung der Aufklärung war allmählich eine Veränderung der Welt- und Lebensanschauung eingetreten, die Folgen zeigte. Zwar wollte man sich durch moralisches Handeln bei Gott wohlgefällig machen, aber man war auch überzeugt, daß der „Höchste" über die den Menschen anhaftenden Schwächen hinwegsehen werde. Auch Pfarrer Hebich hatte, wie mit ihm viele andere, bereits während seines Studiums die Aufklärungstheologie kennengelernt und blieb ihr wohl zeitlebens verbunden.

Für die Hochzeiten hatten seit Generationen neben örtlichen Bräuchen auch kirchliche Ordnungen bestanden. Im allgemeinen fanden die kirchlichen Trauungen am Dienstag statt, in seltenen Fällen auch am Freitag. Paare, die am Mittwoch „ihre eheliche Pflicht haben bestätigen lassen", wie es früher hieß, haben diesen Tag nicht aus freien Stücken gewählt. Er war von der Obrigkeit für den dann vorliegenden Fall verordnet worden. Es handelte sich dabei um Paare, bei denen die Braut ein Kind erwartete oder bereits ein Kind hatte. Diese auch in der ulmischen Kirche üblichen Mittwochs-Hochzeiten wurden in der bayrischen Zeit abgeschafft. Anfang November 1803 teilte das Ulmer Pfarrkirchenbaupflegeamt den Pfarrämtern im altulmischen Gebiet mit:

> „Nach einem unterm 5. November von der Kurpfalzbairischen Landesdirektion in Schwaben ergangenen Rescript soll der veraltete Mißbrauch, geschwächte Personen an einem besonderen Tage, nämlich am Mittwoch, und unter besonderen Feierlichkeiten zu kopulieren, ohne Verzug völlig aufgehoben, und bei schwerer Strafe verbotten seyn.
> Ulm, 10. November 1803."

Nachdem Ulm und sein Gebiet dann im November 1810 zum Königreich Württemberg gekommen war, galt wieder die alte Ordnung.

Ein Rückblick zeigt, wie streng es früher zuging:

Am 1. August 1621 fand in Nellingen eine Mittwochs-Hochzeit statt. Im Kirchenbuch wird dazu bemerkt: „Denn sie sich zuvor mit Unzucht miteinander übersehen und der Obrigkeit Straf und Kirchenbuß ordentlich ausgestanden." Der Eintrag schließt: „Gott wolle ihnen ihr Sünd verzeihen und ihr Unrecht zu erkennen geben."

Daß damals in einem solchen Fall auch für den Kirchgang des Brautpaars ein Brauch galt, der sich von dem für ehrbare Hochzeiten unterschied, geht aus dem Eintrag einer Trauung am 21. August 1626 hervor; hier lautet der Zusatz: „Die Hochzeiterin hat kein Ehrenkränzlein aufgetragen, auch keinen Vorgang von ledigen Weibspersonen und keinen Brautführer gehabt; weß die Ursach gewesen, ist leichtlich zu erachten."

Doch nun wieder zurück. Nach dem zweijährigen Turnus, den das Konsistorium 1817 statt der jährlichen Visitationen auf Probe eingeführt hatte, war Anfang Juli 1827 Nellingen wieder an der Reihe.

In seinem Bericht äußerte der Dekan zum Unterricht von Pfarrer Hebich:

> „Die an dem Tag der Visitation von ihm gehaltene Catechisation war in sofern recht gut, als in derselben die Lehre von der Taufe ebenso populär und allgemein verständlich, als richtig und erbaulich abgehandelt wurde; nur war sie ein fast ganz gleich fortlaufender Vor-

trag, der viel zu spärlich durch Fragen und Antworten unterbrochen wurde."

Da den Geistlichen für die visitationsfreien Jahre „fortdauernde Aufmerksamkeit auf den Schul-Unterricht und auf die Ordnung der Schule und unausgesetzte Sorgfalt, vorkommende Mängel zu verbessern, auf das ernstlichste" anbefohlen war, mußte der Dekan im Visitationsgespräch überprüfen, wie sie dieser Anweisung nachkamen. Er notierte dazu:

> „Pfarrer Hebich hat nach seiner Versicherung in den beiden letzten Jahren in der Schule 132 Stunden, meist in der Religion Unterricht gebend, zugebracht!"

Sicher hat der Dekan auch bei dieser Visitation allerlei entdeckt, das weder seiner Ansicht noch den Vorschriften entsprach. Seinen nun mit mehr Verständnis und Milde abgefaßten Bericht schloß er nämlich mit der Bemerkung: „Der Dekan ist unvermögend, den 79jährigen Pastor zu matamorphiren."

Bereits im Iuni 1827 war vom Königlich evangelischen Konsistorium für alle Gemeinden die Abfassung von Pfarrbeschreibungen angeordnet worden. Sie sollten die Behörde über die stehenden örtlichen Verhältnisse unterrichten, die auf das Kirchen- und Schulwesen der Parochie Einfluß hatten. Diese Dokumentation mußte genau nach dem vorgegebenen, gedruckten Plan erstellt werden. Doch so wichtig der Stuttgarter Behörde die Pfarrbeschreibung auch sein mochte, so eindeutig hatte für den Nellinger Pfarrer die Vorbereitung der im Juli erwarteten Visitation, von der bereits die Rede war, Vorrang gehabt! Für ihn als Landpfarrer gehörte der Hochsommer zur ruhigeren Zeit. Daher hat er die Abfassung der Pfarrbeschreibung seiner Parochie zunächst zurückgestellt und sich dieser Aufgabe erst im August gewidmet. Als er sich dann an die Arbeit machte, gab er Rechenschaft und hielt in seiner zierlichen Handschrift fest, daß am 1. November 1826 in Nellingen 818, in Oppingen 142 und in Aichen 25 Ortsangehörige lebten. Ausdrücklich fügte er hinzu, daß die Einwohner „arbeitsame, häusliche und friedliche Leute" sind. Pfarrhaus und Kirche wurden beschrieben und über die „kirchlichen Geschäftsverhältnisse und Obliegenheiten des Pfarrers" berichtet. Er teilte mit, daß in Nellingen ein Schulmeister und ein Provisor 132 Kinder in einem noch neuen Schulhaus unterrichteten, daß die 30 Oppinger Schüler hingegen im Haus des Schulmeisters ihren Unterricht erhalten. Ferner, daß das Schulgeld im Mutterort 30 kr., im Filial aber 45 kr. beträgt. Er gab über Pfarrer- und Lehrerbesoldung und über den „kleinen Zehend" Auskunft und nannte als „herkömmliche Ortstaxe" für Taufen 24 bis 48 Kreuzer; für Leichen 2 bis 6 Gulden und für Hochzeiten 3 bis 6 Gulden.
Als er Mitte Oktober 1827 seinen Bericht vom Dekanat zurückerhielt, fand er am Rande in großer Schrift zusätzliche Fragen, Korrekturen und Anweisungen des Dekans vor, die mit der Bemerkung endeten: „Ich bitte nicht vergessen zu wollen, daß der Pfarrbeschreibung 2 bis 3 Bogen weißes Papier beige-

heftet werden müssen, welche nach den Abschnitten des Hauptaufsatzes zu rubriciren sind. Vide Anweisung § 7."

Wie sich schon vorher gezeigt hat, erwartete man damals an höherer Stelle nicht nur die Beachtung aller Vorschriften, sondern auch von den in die Jahre gekommenen Pfarrern den vollen Dienst. Darum mußten an der für September 1827 in der Diözese Blaubeuren angekündigten Bezirksvisitation durch den Herrn Prälaten auch alle älteren Pfarrer teilnehmen. Doch der betagte Nellinger Pfarrer sah sich dazu nicht imstande und antwortete auf das Ausschreiben:

> Hochwürdiges DekanatAmt
> Blaubeuren
> Ich bitte gehorsamst, mich zu entschuldigen, daß ich bei der Visitation in Blaubeuren nicht erscheine, da ich wegen Körper-Beschwehrde weder so weit fahren, reiten noch gehen kann; auch kann ich die Schulprovisorats-Tabelle von Nellingen nicht gleich einschicken, da Roller in der Erndte-Vakanz in der Heimat ist, und ich ihn doch über manches befragen muß.
> Nellingen den 13den September 1827. Hebich, Pfarrer.

Schließlich folgte wenige Wochen danach noch ein Bittbrief:

> Hochwürdigem DekanatAmt
> Blaubeuren
> Es sind bereits 28 Jahre verflossen, daß ich den Zehenden in Nellingen in natura eingethan habe. Da ich nun im 80sten Jahre mich befinde, meine Frau auch schon dem Alter sich nähert, und keine Kinder mehr zu haus habe, die mir bei diesem mühsamen Geschäfte an Hand gehen können, so wünsch ich für mein hohes Alter dieser Last los zu werden.
> Ich habe daher folgende allerunterthänigste Bittschrift an Ein Hochwürdiges Evangelisches Konsistorium verfaßt, um mich von dieser Beschwehrde gnädigst zu befreien, und diesen Zehenden verpachten zu dürfen.
> Euer Hochwürden wollen nun die Gewogenheit haben, diese Schrift zu lesen, zu besiegeln, und sie mit einem gütigen Beibericht an die höchste Behörde gelangen zu lassen, welches ich zeitlebens mit dem größten Dank erkennen werde.
>   Mit Respekt verharret
> Nellingen den 22. Oktober 1827.   Hebich, Pfarrer.

Zwei Monate nach diesem Brief ist Friedrich Karl Hebich nach einem langen und arbeitsreichen Leben mit mannigfachen Entbehrungen und bitteren Enttäuschungen, fast 80jährig, in der Christnacht 1827 im Nellinger Pfarrhaus verstorben.

„Collißionen"

Zu den wichtigsten Aufgaben der Vikare gehörte die Entlastung von leidenden und älteren Pfarrern. Bei schweren Krankheitsfällen wurde ihnen aber auch die Führung sämtlicher Amtsgeschäfte übertragen.

Diese Tätigkeiten konnten sich über wenige Wochen oder über Monate, mitunter aber auch über Jahre hin erstrecken. Dabei stimmten nicht in jedem Fall Wünsche und Erwartungen harmonisch überein. Hatte einer der Söhne den Beruf des Vaters ausgewählt, kam es wiederholt vor, daß der im Pfarrdienst ins Alter gekommene Vater den Wunsch äußerte, den eigenen Sohn möglichst bald als Hilfe zugewiesen zu bekommen.

Zieht man die „Collißionen" in Betracht, zu denen es in manchen Pfarrhäusern zwischen Pfarrherr und Vikar kam, wird dieser Wunsch sehr verständlich. Mußte jedoch die Hilfe eines fremden Vikars in Anspruch genommen werden, beschäftigte die Betroffenen immer wieder die Frage der Wohnung, der Versorgung und der Besoldung. Meist wandten sich dann beide Seiten mit der Bitte um Rat und Vermittlung an den Herrn Dekan. Dabei kam manchmal auch Leidiges – mehr oder weniger deutlich – zur Sprache.

Nach unerquicklichen Spannungen mit der Pfarrfamilie, von denen der Merklinger Vikar dem Herrn Dekan zunächst mündlich berichtet hatte, äußerte er schließlich die Bitte um Versetzung. Wenige Tage nach diesem Gespräch traf dann eine Bittschrift in Blaubeuren ein, die der Dekan an das Konsistorium weiterleitete. In seinem Begleitbrief hat der Vikar noch darauf hingewiesen, daß es zu weiteren „Unannehmlichkeiten" kommen könnte, wenn er das ganze Amt versehen müßte, aber „nicht alles zum Amte Gehörige" unter sich hätte. Er fürchtete, „Äußerungen von Unabhängigkeit in dieser Beziehung", könnten leicht Anstoß erregen. Mit der Bemerkung „schließen kann ich mein Zimmer immer noch nicht", beendete er seinen Brief vom 4. September 1835.

Auf die Bittschrift des Vikars und den Bericht des Dekanatamts erteilte das „Königlich-evangelische Consistorium" sehr rasch den Auftrag, „vorerst noch den Versuch zu machen, eine Übereinkunft zwischen Pfarrer und Vikar über ein Kostgeld zu bewirken, damit dieser die Kost außer dem Hause nehmen kann, indem es nicht nötig scheint, daß auch Heizung, Wasche und Licht dem Pfarrer abgenommen werde". Der Erlaß schließt: „Jedoch ist man nicht entgegen, wenn auch eine Übereinkunft über ein Aversum – eine Abfindung – für die ganze Verköstigung (mit Inbegriff von Heizung, Wasche und Licht) zu Stande gebracht werden kann, bemerkt aber dabei, daß der Vikar nach anderen ähnlichen Vorgängen sich in diesem Fall mit einem kleineren Aversum als 365 fl. begnügen könnte."

Inzwischen hatte sich auch der Pfarrer an das Dekanatamt gewandt. Der Herr Dekan teilte ihm auf seine Anfrage hin mit:

> „Ein Vikar, der alles zu versehen hat, kann gesetzlich 100 Gulden Salaire ansprechen. Es erhält ein solcher in der Regel bei jedem Mittag- und Abendessen, entweder einen Schoppen guten, trinkbaren Wein oder zwei Schoppen braunes Bier." Außerdem standen ihm Heizung, Wasch und Licht frei zu. „Und," so meinte der Herr Dekan, „würde Salaire und Verköstigung im Ganzen immer wenigstens auf 300 Gulden sich belaufen". Weiter gab er zu bedenken: „Dann wären Sie aber mit Ihrem Vikar unaufhörlich geniert, im essen, im trinken, im reden, in allem fort und fort. Deswegen wäre mein wohlgemeinter Rat der, Sie gäben ihm ein jährliches Aversum von 330 Gulden, womit er sofort alle seine Bedürfnisse selbst zu bestreiten, und nur noch ein Zimmer (wenn er wollte) in Ihrem Wohnhause anzusprechen hätte. Stollgebühren und Accidentien blieben Ihnen und mit der eben ausgesprochenen Aversal-Summe wäre der Gehülfe ganz abgefertigt. Sie blieben hiebei noch immer in bedeutendem Vortheil, denn mit 130 Gulden, die Sie ex propriis prästiren – aus dem Eigenen leisten – müßten, könnten Sie ja keinen Vikar das Jahr hindurch auch nur über Tisch erhalten."
>
> Indem ich nun bitte, die Sache mit Ihrem Herrn Vikar zu besprechen und mir nächstkünftigen Botentag das Resultat Ihrer gegenseitigen Übereinkunft mitzutheilen, beharre ich mit aller Hochachtung
>
> > Euer Hochwürden
> > gehorsam ergebenster Dekan B."

Schon wenige Tage später erreichte den Herrn Dekan eine von Pfarrer und Vikar unterzeichnete Übereinkunft und dazu ein weiterer Brief des Vikars:

> Euer Hochwürden
> habe ich die Ehre, berichten zu können, daß der so verdrießliche Handel endlich abgeschlossen worden ist zu 350 Gulden, wie die beiliegende, jeden rückgängigen Schritt verhindernde Urkunde beweist. Es war mir angenehm, daß Sie nichts von einer Übereinkunft wegen blos einzelner Punkte geschrieben haben; denn nie würde ich wenigstens mich dazu verstanden haben, weil sonst die Pfarrleute immer noch Gelegenheit gehabt hätten, Rache zu nehmen. Der Charakter der Frau Pfarrer, die begreiflicher Weise den Pfarrer hierin übertrifft, ist daraus ganz ersichtlich, daß sie in der Gemeinde unter der Bezeichnung „Schneiderin" bekannt sein soll; – die Beweise dafür würden wohl zu führen sein, – und zwar von Aufschneiden, Lügen so genannt. Überhaupt glaube ich zuversichtlich, daß die Frau Pfarrer in diesem Stücke von keiner Person in Merklingen übertroffen wird. – Wären die Merklinger keine Merk-

linger, so würde ich bei 350 Gulden nicht bleiben. Seit meiner persönlichen Berichterstattung wurden die Pfarrleute im Glauben an einen ernsteren Ausgang der Sache mehrfach bestärkt.
Sich damit p.p.

Merklingen, den 21. Sept. 1835
Vikar Gulde.

Die getroffene Übereinkunft bewährte sich. Der Vikar blieb im Ort, und auch die Gemeinde war, wie später ein weiters Dokument zeigte, hoch zufrieden:

„Von dem Gemeinderath allhier wurde dem Herrn Pfarrverweser Gulde folgendes bezeugt:

1. Ist derselbe jetzt schon 2 Jahre lang hier als Pfarrverweser angestellt und hat sich derselbe bisher ganz undadelhaft, so wohl in seinem Lebenswandel, als auch in seiner Amtsführung aufgeführt.
2. Ist derselbe ein guter Prediger welche er alle auswendig thut.
3. Hält er auch gute Katechismuslehren. Vergeht fast kein Tag, wo er die Schule nicht besucht, hält sehr guten Konfirmandenunterricht.
4. Muß demselben in seiner Amtsführung das beste Zeugniß gegeben werden, welches der Wahrheit gemäß

beurkundet. Merklingen am 17. April 1838.

Der Gemeinderath.“

Nicht nur vorgerücktes Alter und schwindende Gesundheit, auch zunehmende Arbeit veranlaßten so manchen Pfarrer beim Oberkonsistorium um einen Gehilfen zu bitten. Aber nicht immer war vorher gründlich genug bedacht worden, „ob man`s hat hinauszuführen.“

Wie dem folgenden Schreiben aus Bermaringen entnommen werden kann, ging es dem Bittsteller vor allem andern um eine möglichst rasche Erfüllung seines Wunsches:

Euer Hochwürden
ersuche ich zu dem angeschlossenen Exhibitum um den kräftigsten Beibericht aufs angelegentlichste. Die darin enthaltene unterthänigste Bitte spricht für sich selbst, und kann daher von Demselben mit bestem Gewissen nach Möglichkeit unterstützt werden. Ich bitte gehorsamst, dieß doch recht bald zu thun. Es ist mir unmöglich länger ohne Gehülfe auszukommen.

Doch unversehens kam es zu Schwierigkeiten! Einem Vikar stand nämlich ein heizbares Zimmer im Pfarrhaus zu. In der Gaststube aber fehlte der Ofen.

Der für die Beseitigung dieses Mangels zuständige „Herr Cameralverwalter" verlangte, wie es seine Pflicht war, ein dekanatamtliches Attest, daß der Vikar wirklich schon „in Bälde" ankommt. Erst dann wollte er, „was den Ofen betraf, allen Vorschub thun."

Umgehend bat der Pfarrer seinen Dekan voll Ungeduld: „Möchten Euer Hochwürden nicht die Gewogenheit haben, mir dieses Attest, wenn es doch etwa möglich sein sollte, heute durch den Amtsboten zuzuschicken?" Dann fügte er noch an: „Ich muß jedoch meine Zudringlichkeit sehr entschuldigen; nur die Dringlichkeit der Umstände läßt mich auf gütigste Nachsicht hoffen. Indessen bitte ich, meinen schriftlichen Dank zum voraus anzunehmen."

Das war Ende November. Noch vor Weihnachten 1826 kam dann der Vikar an. Doch schon nach drei Monaten erreichte das Dekanatamt wieder ein Brief! Über den Inhalt hat der Herr Dekan sicherlich sehr gestaunt:

> Euer Hochwürden
> bin ich hiemit so frei, eine Bittschrift um Abberufung meines bisherigen Vikars mit der dringenden gehorsamsten Bitte zu übermachen, dieselbe doch morgen, Sonntag Nachmittag mit dem Postwagen abgehen zu lassen. Die Jahreszeit und meine Gesundheit gestatten es mir, für diesen Sommer mein Amt wieder allein zu übernehmen, und meine ökonomischen Umstände fordern die baldige Abberufung meines Gehülfen. Kost, Holz, Licht, Wasch und wachsendes Salaire sind starke Artikel; aber die große Unbequemlichkeit, nicht einmal ein Gastzimmer zu besitzen, beschwert uns nicht minder.
> Für die Erbauung einer Vikarsstube werde ich schon Sorge tragen, und eben so für einen mir mehr zusagenden Gehülfen für den nächsten Winter, den ich dann vielleicht ganz behalte. Ich erhalte dann 120 Gulden Unterstützung.

Etwa zwei Jahre später bereitete dem Pfarrer die Unterbringung eines Vikars im Pfarrhaus keine Sorgen mehr, unangenehme Erinnerungen an den ersten waren aber offenbar noch lebendig. Da er keine „Neuauflage" seiner Enttäuschungen erleben wollte, versuchte er mit einem Brief an den Dekan vorzubeugen:

> „Euer Hochwürden werden nicht nur den Wunsch, recht bald wieder einen Gehülfen zu bekommen, sondern auch den zweiten Wunsch gerecht finden, daß ich einen tauglichen Vikar erhalte und nicht mit einer editio altera von Grauer neuerdings heimgesucht werde."

Vikarsbriefe an den Herrn Dekan.

Wenn vorher von allerlei „Collißionen" zwischen Pfarrer und Vikar die Rede war, so entsteht nun ein anderes Bild. Nicht selten wurde für eine durch den Tod des Hausvaters hart getroffene Pfarrfamilie ein treuer Vikar zum Helfer in der Not. So erlebte es die Witwe des Bermaringer Pfarrers im Jahr 1819. Wie der folgende Brief an den Dekan zeigt, bemühte sich der junge Pfarrverweser redlich darum, den Hinterbliebenen ihr bitteres Los zu erleichtern:

> Euer Hochwürden
> habe ich die Ehre, das Exhibitum des Pfarrwittwen-Gratialgesuchs der verwittibten Frau Pfarrerin allhier zu übersenden, mit dem Beyfügen, daß die Angabe der Unzulänglichkeit der Hinterlassenschaft des selig verstorbenen Herrn Pfarrers zum Unterhalt der 7 Waisen, und ihres eigenen Vermögens zu ihrem und ihrer 3 eigenen Kinder, nach Wahrheit und Treue gemacht ist.
> Der selige Herr Pfarrer war 20 Jahre lang auf einem geringen Anfangsdienst, wo er unter seiner Familie viele Krankheits- und Sterbefälle erfahren mußte. Die 3 Jahre, die er auf hiesiger besserer Stelle leben durfte, waren gerade Fehljahre, so daß der Ertrag um ein Bedeutendes zurück kam.
> Indem sich die Frau Pfarrerin Euer Hochwürden und Dero werthesten Familie gehorsamst empfehlen läßt, habe ich die Ehre mit der größten Hochachtung und Verehrung zu verharren
>
> | | |
> |---|---|
> | | Euer Hochwürden |
> | Bermaringen, | gehorsamster Diener |
> | den 2ten März 1819 | M. Stuber, |
> | | Pfarramtsverweser allhier. |

Das jährliche Gratial für die Witwe und ihre Kinder fiel nicht üppig aus. Sie bekam 30 Gulden, 2 Scheffel Dinkel und 2 Scheffel Roggen.

Auch für die Witwe von Pfarrer Miller in Nellingen wurde der Vikar durch seine Fürsprache beim Dekan zu einem unentbehrlichen Helfer. Er hatte seit Mai 1835 den kranken Pfarrherrn entlastet und nach dessen Tod im Februar 1838 die vakante Stelle als Amtsverweser versehen.

Mit „tiefbekümmertem Herzen" berichtete er von einem schweren Schlaganfall, „der aufs Neue unseren lieben Herrn Pfarrer traf und seinen für seine Familie viel zu frühen und uns alle tiefbetrübenden Tod zur Folge hatte". Dann verband er mit dieser traurigen Nachricht, die auch den Dekan „als einen so warmen und thätigen Freund des Verstorbenen tief bewegen wird", eine doppelte Bitte der Frau Pfarrer. Zunächst: „Der Herr Dekan möchte die

Güte haben, die Leichenpredigt auf den Herrn Pfarrer zu übernehmen." Die andere Bitte betraf ihn selber, denn die Frau Pfarrer ließ ersuchen, „der Herr Dekan möchte sich dahin verwenden", daß er vorerst als Amtverweser bleiben könnte.

In einem der nächsten Briefe berichtete er, daß die Pfarrfrau „bei ihrem geringen Vermögen nur mit sorgenvollem Blick in die Zukunft zu schauen vermag", und daß sie daher „um eine weitere Gnadenzeit, das Pfarreinkommen genießen zu dürfen", einkommen will. Der Herr Dekan begleitete ihr Gesuch mit einem günstigen Beibericht und die vorgetragene Bitte fand beim Königlichen Konsistorium Gehör. Im Namen der verwitweten Bittstellerin dankte der Vikar gehorsamst für die „frohe Nachricht von der Gewährung eines Besoldungs-Nachsitzes", an welcher der Dekan durch seine „gütige Verwendung so großen Theil" habe. Da die Frau Pfarrer jedoch seit Wochen an einem bedenklichen Halsübel litt, konnte sie „ihren zu einer großen Schuld angewachsenen Dank" nicht persönlich abstatten, und ihre Pflicht, „wie sie es so gerne wünschte", erfüllen.

Durch die Güte, mit der sich der Dekan bisher um sie angenommen hatte, sah sie sich ermutigt, ihn kurz danach mit neuen Bitten anzugehen. Sie wollte wissen, ob es ihr wohl „gestattet werden möchte", daß die Pfarrverwesereikosten, wie in ähnlichen Fällen, von denen sie gehört hatte, von dem „Intercalarfonds" übernommen werden. Und da im Pfarrhaus „ein bedeutendes Bauwesen vorgenommen werden solle", erlaubte sie sich nachzufragen, ob diese Arbeiten nicht so lange verschoben werden könnten, bis sie abgezogen wäre.

Auch wenn es ihm vielleicht peinlich war, trug der Vikar alle ihre Fragen getreulich vor, versäumte es aber nicht, um „gütige Nachsicht" zu bitten, weil er „schon wieder beschwerlich falle", und empfahl die Frau Pfarrer und sich der „ferneren Gewogenheit" des Herrn Dekan.

Damals verband man die vorgetragenen Bitten genauso wie seinen Dank gerne mit gefühlvollen Worten, die uns heute seltsam anmuten, und die für unsere Ohren zu überschwenglich klingen. Solche Dankesbezeigungen wollten aber nicht nur schmeicheln, sie galten vielmehr erwiesenen Wohltaten und kamen meist aus aufrichtigem Herzen. In den beiden Briefen von Pfarrverweser Ziller sind uns schöne Beispiele jenes zeitgenössischen Briefstils erhalten geblieben. Nach dem Tod von Pfarrer Hebich hatte er bis zum Aufzug von Pfarrer Miller fast eineinhalb Jahre lang den Pfarrdienst in Nellingen versehen. Danach verabschiedete er sich vom Blaubeurer Dekan mit dem folgenden Dankesbrief:

Hochwürdiger Herr Dekan!

Da ich heute Montag den 25. Mai von hier nach Steinheim im Aalbuch zu meinen Ältern abgehe, so habe ich hiemit die Ehre, dieß Euer Hochwürden anzuzeigen, und Sie zu bitten die Kühnheit, mir Euer Hochwürden Wohlwollen und beglückende Gönnerschaft beibehalten zu wollen. Wäre ich je im Stande, Euer Hochwürden auf irgend eine Art meine Dienste anbieten zu können, so würde ich den Tag segnen, der es mir vergönnte, einen Theil der Schuld abzutragen, welche ich durch die große Güte Euer Hochwürden auf mich häufte.

Respektvoll verharrend habe ich Euer Hochwürden meine vollste Ergebenheit zu versichern die Ehre, und verbleibe

	stets Euer Hochwürden
Nellingen, 24.5.1829.	gehorsamster
	Ziller, Vikar.

Schon nach einem Monat schrieb er wieder, schilderte beglückt die Schönheit seiner neuen Umgebung, berichtete beredt von den alltäglichen Entbehrungen auf der Stelle in Erkenbrechtsweiler und erzählte ausführlich und besorgt über seinen Abschied von Nellingen:

Hochverehrtester Herr Decan!

Daß Sie selbst die Güte hatten, mir die in Ihre Diözese gesandte Geschäftstabelle zu übermachen und mit so vielehrenden Zeilen zu begleiten, das verbindet mich aufs neue zum innigsten Dank gegen Sie.

Ich bin hier an einem Orte, der sich durch seine wundervolle schöne Lage auszeichnet, auf der Höhe zwischen zwei reizenden Thalen – von Lenningen und des von Neuffen – und wenn sich allein das Auge, das immerhin entzückt das liebliche Landschaftsgemälde vor sich ausgebreitet sieht, besonders jetzt in seinem vollen Schmucke, begnügen kann, und den andern Sinnen von seinem Überfluße mitzutheilen im Stande ist, dann möchte ich gerufen haben „laßt uns Hütten hier bauen".

Aber hier stärkt sich das Auge, und die Knie brechen beinahe, wenn sie die hohen Bergsteige erklimmen müssen; hier freut sich das Auge, aber kein Gebildeter kann sich mit freuen, ich stehe ganz allein; hier ist das Auge entzückt, und der arme Magen muß beinahe verhungern, weil niemand für ihn nur einigermaßen manirlich sorgt. Ich habe mich deshalb auch nicht gemeldet – und ich hoffe, daß mein Aufenthalt hier kurz sein werde. Noch nie habe ich, wie hier, den allernothwendigsten Bedürfnissen auf meinen Pfarrvikariats-Orten entsagen müssen.

Von Nellingen haben mich schon mehrere, trotz der weiten Entfernung, besucht, und wie meinem Herzen diese Anhänglichkeit wohl thut, so macht sie mich besorgt, weil ich Grund habe zu schließen, sie werde dem Herrn Pfarrer und den Seinen zu bitterem Unmuth

darüber Veranlassung geben. Bei meinem Abschied sagte ich ihm, ich könne von ihm als gebildetem und guten Mann erwarten, daß er die Liebe der Nellinger zu mir als ein erfreuliches Zeichen für sich, als der ihnen mehr sein könne und müsse, annehmen, und es namentlich nicht mißdeuten werde, wenn sich in diesem Augenblick dieselbe durch Begleitung aus dem Dorfe und bei mehreren zu Pferde noch weiter ausspreche. Er beruhigte mich ganz, denn ich war entschlossen, wenn er auch nur in etwas kalt geantwortet hätte, lieber jeden Beweis der Anhänglichkeit an mich abzuweisen, als dem neuen Herrn Pfarrer mißliebig zu sein. Dem ungeachtet schmerzt es mich zu hören, daß nicht nur sehr unzarte, sondern noch derbere Äußerungen über diese Art und Weise, wie mich die Nellinger liebten, gemacht wurden, sondern auch, daß man es mehrere fühlen ließ, es als persönliche Kränkung ansah, und was mir sehr leid thut, mehrere Gemüther der Nellinger in ungünstige Stimmung dadurch gegen sich selbst – den Herrn Pfarrer – versetzte. Ich sehe es kommen, daß man am Ende mir noch die Schuld beimißt, wenn man sich nicht so wohl fühlt, als man erwartete, und ich habe den Nellingern, die gestern bei mir waren, ernstlich erklärt, es freue mich ihre Liebe, aber sie sollten zu Hause bleiben, sie seien es mir und ihrem Herrn Pfarrer schuldig; ich hoffe, es soll helfen.
Ich habe auch hier mich einer großen Anhänglichkeit und Liebe der Gemeindeglieder zu erfreuen, und sie würden, so es möglich wäre, den Nellingern gerne gleich kommen.

Dieß, Hochverehrtester Herr Decan, sind die Skizzen und Hauptconturen meines gegenwärtigen Lebens. Mein inneres Leben – Gemüthsstimmung, Muth, Hoffnung, Kraft – hat sich in die Worte Verleugnung, Übung, Prüfung, Ergebung zusammengezogen – und meine litterarischen Arbeiten, die einen heiteren Schwung anfänglich hatten, mußte ich auch hier noch auf die Seite legen, um sie – weil in anderer Stimmung – nicht zu verpfuschen. Wirds anders, dann glaube ich, daß auch Sie von mir weiteres hören.

Unter meiner herzlichsten Bitte, mich in Ihren vielwerthen Andenken liebevollst zu behalten, habe ich die Ehre zu verharren mit vollkommenster Hochachtung und Ergebenheit

Erkenbrechtsweiler
29. 6. 1829.

Ihr
gehorsamster
Ziller.

Allerhand Sorgen.

Es gab so vieles, das Kummer bereitete oder vor Schwierigkeiten stellte und nur mit Hilfe der Obrigkeit bewältigt werden konnte. Was es auch sein mochte, die Bewerbung um eine bessere Pfarrstelle oder ein Bericht über Mängel an Kirche und Pfarrhaus, alles war dem Dekan vorzulegen und nahm danach seinen Weg zum Konsistorium.

Zunächst fallen zwei Briefe von Albrecht Weyermann auf, der 1798 eine umfangreiche, vielbeachtete Sammlung unter dem Titel „Nachrichten von Gelehrten, Künstlern und anderen merkwürdigen Personen aus Ulm" veröffentlicht hatte und 1829 den weiteren Band „Neue historisch-biographisch-artistische Nachrichten" folgen ließ. Er war bis 1811 Diakonus in Bermaringen und „petirte", wie der Dekan auf dem zweiten Brief vermerkte, „die Pfarrei Schnaitheim". Zunächst sein erstes Schreiben:

> Hochwürdiger, Hochgelehrter
> Hochzuvererehrender Herr Dekan!
>
> Mit wahrhaft innigem Vergnügen habe ich die Ehre, Seiner Hoch-
> würden, Herrn Dekan, gehorsamst die angenehme Nachricht zu
> ertheilen, daß mein Herr Kollege Diterich, Pfarrer allhier und ich
> gestern Abend zusammen kamen, und wir einander genähert ha-
> ben, mithin auf dem Wege der Einigkeit und des freundschaftlichen
> Benehmens sind; wie angenehm mir dieß ist, kann ich kaum mit
> Worten ausdrücken, sondern mehr empfinden.
> Ich glaube dieß Euer Hochwürden Herrn Dekan, als meinem
> höchst verehrten Gönner, aus schuldiger Hochachtung gehorsamst
> anzeigen zu müssen, da ich überzeugt bin, daß diese Annäherung
> und friedliche Betragen auch Euer Hochwürden äußerst angenehm
> ist. Unter der unterthänigsten Bitte, mir ferner Dero schäzbares
> Wohlwollen zu schenken, habe ich die Ehre zu seyn
>
> Euer Hochwürden Herrn Dekan
> Bermaringen   unterthänigster
> d. 31. Jänner 1811.   Al. Weyermann.

Schon wenige Tage später aber schien dem Schreiber dieser Zeilen trotz „Annäherung und friedlichem Betragen" ein Stellenwechsel wieder erstrebenswert, und so folgte rasch sein zweiter Brief:

> Hierbei habe ich die Ehre, Euer Hochwürden, Herrn Dekan, die
> Supplik nebst den 3 Beilagen allerunterthänigst zuzusenden, mit
> der dringensten gehorsamsten Bitte, einen Beibericht zu verfassen,
> der sodann gewiß von einem glücklichen Erfolg seyn wird; denn ich
> bin ganz überzeugt, daß Hochdieselbe beim Oberkonsistorium viel

vermögen; und Dero edles Herz, das längst erprobt ist, armen und unglücklichen Pfarrern zu besseren Glücksumständen zu verhelfen, bürgt mir, daß Hochdieselbe auch mein allerunterthänigstes Gesuch kräftigst unterstüzzen werden.

Bermaringen
d. 10. Febr. 1811.

Euer Hochwürden Herrn Dekan
unterthänigst gehorsamster
Al. Weyermann.

Bewerbungen um bessere Pfarrstellen waren damals mit einer Beförderungsprüfung auf dem Königlichen Oberkonsistorium verbunden. Da man dort der vorgetragenen Bitte nicht abgeneigt war, erging der folgende Erlaß:

F r i d e r i c h,
von Gottes Gnaden
König von Württemberg,
Souveräner Herzog in Schwaben und von Teck ec. ec.

Unsern Gruß zuvor, Lieber Getreuer!

Wir geben Euch den allergnädigsten Befehl, dem Diakonus Weyermann in Bermaringen zu bedeuten, daß er sich zur Consistorialprüfung hieher begeben, und am Dienstag, den 18ten dieses Monats, vormittags 11 Uhr bei Unserem Oberconsistorialrath, Prälaten D. Griesinger gebührend melden soll. Daran geschieht Unser Königlicher Wille, und Wir verbleiben Euch in Gnaden gewogen Stuttgart im Königlichen Oberconsistorium den 4ten Iunius 1811.

Eine erfolgreiche Bewerbung auf eine andere Pfarrstelle konnte zur Lösung persönlicher Probleme beitragen. Doch mitunter stellte ein Wechsel die Pfarrfamilie auch vor neue Schwierigkeiten, denn in vielen Landgemeinden gab der Zustand der Pfarrhäuser, die vom Staatlichen Cameralamt verwaltet wurden, Anlaß zu Klagen.

Im folgenden Fall hatte das Oberkonsistorium über das Dekanatamt vom baufälligen Scharenstätter Pfarrhaus erfahren. Es befaßte sich eingehend damit und forderte mit einem Erlaß einen Bericht an, den das Gemeinschaftliche Oberamt erstatten mußte:

F r i d e r i c h,
von Gottes Gnaden
König von Württemberg
Souveräner Herzog in Schwaben und von Teck ec. ec.

Lieber Getreuer!

Da bei dem heurigen Synodus von dem Pfarrhaus in Scharenstetten in Absicht auf seine Baufälligkeit und übrige Mangelhaftigkeit eine ganz traurige Schilderung gemacht, zugleich aber bemerkt worden, daß dieses Haus von dem Cameralamt bereits besichtigt, und für gefährlich erklärt worden; so habt Ihr zu berichten, ob inzwischen zur Reparatur desselben etwas geschehen sey oder nicht.

Gegeben Stuttgart im Königlichen Oberconsistorium den 14ten Mai 1813.

Zunächst schilderte der Ortspfarrer aus seiner Sicht als Hausbewohner diesen besonderen Fall in einem ausführlichen Schreiben an das Gemeinschaftliche Oberamt. Wie berechtigt seine Klagen waren, geht aus dem ungekürzten Bericht recht anschaulich hervor;

Hochlöbliches Gemeinschaftliches Oberamt!

Einem Hochlöblichen Gemeinschaftlichen Oberamt wird hiemit über den Zustand und die Beschaffenheit des Pfarrhauses in Scharenstetten folgender ganz gehorsamster Bericht erstattet:

An dem in jeder Hinsicht höchst baufälligen Pfarrhauß in Scharenstetten ist in lezt verfloßenem Jahr das Dach ganz umgeschlagen, ein neuer Küchenboden gelegt, eine neue Hausthür angebracht, und noch einiges weniges Mangelhafte hergestellt worden. Die Hauptbaufälligkeit im Innern des Hauses ist aber bis jetzt geblieben, wie sie schon bey der vor zwey Jahren, und erst im lezten Spätjahr aufs neue vorgenommenen Inspection erfunden worden ist.

a) Die an das Wohnzimmer stoßende Schlafkammer ist ganz unbrauchbar; das Gemäuer weicht auseinander, Kreuzstock und Fensterrahmen sind ausgefault; aus dem nur einfach gelegten Boden fällt aller Unrath von oben herab auf die Betten und andere Geräthschaften.

b) Mit dieser Kammer steht das Studierzimmer in Verbindung, welches aber mehrere Ähnlichkeit mit einem Kerker als mit einem Zimmer hat. Das ganze Stübchen ist getäfelt und mit Latten zusammengeheftet, damit die Täfelung nicht zusammenfällt. Es hat ein Licht; der Kreuzstock aber ist gänzlich ausgefault, und hält die Fenster fast nicht mehr. Die Thüren sind ganz unbrauchbar. Der Aufsatz auf dem kleinen Ofen hat Sprünge.

c) Die an das Studierzimmer stoßende Kammer, welche ehedem ein Zimmer gewesen sein soll ist durchaus ruinirt; das Gemäuer ist durchlöchert, das Holzwerk abgefault und ein paar kleine zerfallene Fenster lassen kaum einiges Licht darein fallen. Überhaupt ist die ganze westliche Seite des Hauses in einem höchst kläglichen Zustand.

d) Eine nördlich liegende Schlafkammer hat nur ein einziges kleines Fenster, das ebenfalls durchaus schadhaft ist.

e) Die Backöfen halten keine Hize mehr, und die von außen zu denselben führende Thür ist so ruinoes, daß sie mit einem leichten Fußtritt eingestoßen werden kann.

f) Der im Garten stehende Brunnen hält zur Hälfte kein Wasser mehr, und zwey Theile von der Umzäunung des Gartens fallen nach und nach gänzlich zusammen, wodurch er zum größten Schaden des Besizers dem vorbeigehenden Vieh Preiß gegeben wird.

g) Der nördliche Theil der Scheune ist seinem Einsturz nahe, und die Dreschtenne äußerst schadhaft. Zur Wiederherstellung sind die Arbeitsleute bereits aber befehligt.

h) Der Ofen in der Wohnstube hat in seynen zwey Seitenstücken Risse; auch die untere eiserne Blatte, die schon vor vielen Jahren zusammengeheftet worden seyn muß, ist zersprungen. Der Aufsatz weicht ganz auseinander.

i) Die Dachöffnungen sollten mit besseren Läden versehen seyn.

Dies ist, so weit Pfarr- und Schultheißen-Amt es einzusehen vermögen, die gegenwärtige Beschaffenheit des Pfarrhauses in Scharenstetten. Sehr zu wünschen wäre es, daß durch den Herrn Land-Bau-Inspector eine recht genaue Besichtigung dieses Hauses vorgenommen werden möchte, wobey sich leicht Mängel von Bedeutung ergeben dürften, die dem Unerfahrenen eben nicht ins Auge fallen.

Unter Versicherung der allerhöchsten Hochachtung.
Eines Hochlöblichen Gemeinschaftlichen Oberamts

Scharenstetten	ganz gehorsamster
den 13. Iuni 1813.	Karl Ludwig Heldbek, Pfr.
	David Scheifele, Schultheiß.

Noch dringender aber als die Pfarrhaus-Reparatur war im Jahr 1813 eine gründliche Ausbesserung des Scharenstetter Kirchturms. Hier war besonders rasches Handeln geboten! Unverzüglich machten sich daher die Scharenstetter ans Werk. Schon bevor dem Oberkonsistorium der Visitationsbericht über den Schaden vorlag und es sich dazu äußern konnte, waren die nötigen Arbeiten zur Abwendung der drohenden Einsturzgefahr vollendet.

Zunächst der Erlaß von März 1814:

F r i d e r i c h,
von Gottes Gnaden
König von Württemberg
Souveräner Herzog in Schwaben und von Teck ec. ec.

Lieber Getreuer!

Da Wir aus der vorjährigen Kirchen-Visitations-Relation ersehen haben, daß die Kirche in Scharenstetten sich in dem kläglichsten Zustande befinde und der Einsturz drohe, so lassen Wir Euch zur Nachricht wissen, daß Wir wegen Abhülfe dieses dringenden Gebrechens das nöthige verfügt haben und geben Euch auf, nach Verfluß von sechs Wochen an Unser Königliches Oberconsistorium zu berichten, ob und was in dieser Bausache inzwischen geschehen sey.

Gegeben Stuttgart in Unserem Königlichen Synodus den 27t. Merz 1814.

Nachdem der Ortspfarrer diesen Erlaß bekommen hatte, berichtete er an den Dekan:

Hochwürdiger, Hochgelehrter,
Hochzuverehrender Herr Dekan!

Noch im Spatherbst vorigen Jahres ist der dem Einsturz drohende Kirchthurm zu Scharenstetten, so weit er schadhaft gewesen, abgetragen, ein neuer aufgeführt, und somit aller Gefahr und allem Unglük vorgebeugt worden. Auch das sehr schadhaft gewesene Kirchendach wurde reparirt, und das ganze Äußere der Kirche verweißt. Nur ist von den Maurern dabey die Unvorsichtigkeit begangen worden, daß die an dem Thurm angebracht gewesene Sonnenuhr verwischt worden ist.
Einer großen Reparatur bedürfen indessen noch der Glokenstuhl, der kaum mehr die Gloken zu tragen vermag, die schon über 200 Jahre alte Kirchenuhr und die Kirchenmauer, an der ein Stük nach dem andern zusammenfällt, und die einen Widerwillen erregenden Anblik gewährt.

Dieß ist es, was ich Euer Hochwürden über das Bauwesen an der Kirche zu Scharenstetten ganz gehorsamst habe berichten sollen.

Es mag sein, daß die in Scharenstetten an Kirche und Pfarrhaus beklagten Mißstände einen besonders krassen Fall darstellten. Nur, um eine bedauerliche Ausnahme dürfte es sich dabei nicht gehandelt haben! Darauf deutet die Bemerkung Pfarrer Hebichs von Nellingen aus dem Jahr 1819 hin, daß er „in seinem elenden Hause keinen Mann von Distinction" aufnehmen könne. Das war beim Alter dieses Hauses durchaus verständlich. Wie man inzwischen weiß, beschloß das Ulmer Pfarrkirchenbaupflegeamt im Jahr 1602 für das „zergangene Pfarrhaus" in Nellingen nach den damals für Landpfarrhäuser geltenden Richtlinien einen Neubau zu erstellen. Er enthielt im massiven Erdgeschoß außer Stall und Backofen sogar ein „Badstüblein". Für ein Haus auf der wasserarmen Alb in jener Zeit geradezu ein Luxus, für die Bewohner aber sicher eine Wohltat! Sie mußten nun nicht mehr die seit 1597 im Ort nachweisbare öffentliche Badestube besuchen. Das Badewasser floß zwar nicht aus der Wasserleitung, sondern mußte von der Pfarrmagd aus der Badehüle in der Dorfmitte herbeigeschafft oder aus der „Raise", der mit Lehm abgedichteten Hauszisterne, die das Regenwasser sammelte, geschöpft werden.
Zu Beginn des 19. Jahrhunderts waren dann in diesen meist über 200 Jahre alten Häuser die Wohnverhältnisse der Dorfpfarrer auf der Alb recht beschei-

den, denn zu einem Umbau oder zu einer gründlichen Instandsetzung kam es nur selten.

Blickt man jedoch noch zwei oder drei Generationen weiter zurück, steht bei den Landpfarrern nicht der Kummer über ihr „elendes Haus", sondern die drückende Sorge um das tägliche Brot im Vordergrund. Das geht aus einem Petentenzettel hervor, der auf die wirtschaftliche Lage verschiedener Bittsteller hinweist:

Vom Pfarrer in Markbronn heißt es 1763: „Ist ein geschickter Schulmann und erbaulicher Prediger, steht bey seiner guten Besoldung wegen vielem Aufwand auf seine öfters kränkliche Frau und Kinder dennoch karg in der Oekonomie."

Von einer „guten Besoldung", wie in diesem Fall, ist sonst kaum die Rede. Viel häufiger begegnet die Bitte um Versetzung auf eine bessere Stelle. Auch der Hilfsgeistliche in Münsingen suchte 1763 darum nach, und der Dekan äußerte dazu: „Diakonus M. Frisch seufzt sehr nach einer gnädigen Beförderung. Ist im Amt wohl fleißig, aber im Vortrag confus, fällt immer in tiefere Schulden, aus welchen er zu lezt nimmer wird elabiren – loskommen – können."

Noch schlimmer war die Lage für den Pfarrer von Hundersingen. Dazu hieß es: „Dieser Ort hat erst 1710 einen eigenen Pfarrer bekommen, und ist die Pfarrerkompetenz sehr gering und schlecht, daß dieser Pfarrer M. Georg Friedrich Gotschick mit Weib und 6 Kinder kaum das täglich Brod hat und sich schon gegen 19 Jahr kümmerlich patentiret – geduldet –, dahero er unterthänigst ansucht um eine Promotion auff einen Ort, wo er vor sich und die Seinigen bessere Nahrung hätte."

Aber nicht allein die Sorge um bessere Nahrung ließ damals einen Pfarrer zum Bittsteller werden. Im Jahr 1735 suchte der Pfarrherr von Pflummern, einem „Fleck und ordentlich Ritter-Gut 10 Stund von Blaubeuren und 1 Stund von Riedlingen an der Donau gelegen, eine Promotion wegen Unsicherheit des Orts, weil man nachts, als er zum Fenster hinaus sah, auf ihn geschossen".
Aus einem andern Grund, nämlich aus väterlicher Fürsorge für die Zukunft seiner Kinder, wurde nach langem, geduldigem Ausharren und Darben der Pfarrer von Weilersteußlingen im Jahr 1735 zum Petenten.
Der Dekan vermerkte: „Weiler Steißlingen. M. Johann Conrad Grotzinger ist schon 31 Jahr an dem Ort Pfarrer, 60 Jahr alt, hat 9 Kinder und dabey schlechtes Vermögen; er wünscht deswegen bey seinem angehenden Alter von Euer Hochfürstlichen Durchlaucht noch die Gnade zu erhalten, daß er an einen Ort möchte promovirt werden, wo er bessere Nahrung hätte und daneben Gelegenheit, seine Kinder besser anzubringen, weil auf solchs Gebürgs niemand nach den Pfarrerstöchtern fragt, als welche sich gern in bürgerlichen Stand verheuratheten, wenn sie nur Gelegenheit hätten."

„Pädagogischer Eifer?"

Es war in den Gemeinden Brauch, jedes Jahr ein Fest für die Schuljugend zu veranstalten. Mit diesem „Maientag" wollte man den Kindern eine bescheidene Freude bereiten. Wie aus einem Brief von Pfarrer Hebich über den Oppinger Maientag hervorging, war damit aber auch die pädagogische Absicht verbunden, die Jugend „durch Austeilung kleiner Geschenke zum Fleiß zu gewinnen und den bewiesenen zu belohnen".

Im Jahr 1814 mußte sich Dekan Baur von Blaubeuren über Monate hin mit den recht ärgerlichen Folgen der „Maienfeierlichkeiten" von Gerhausen und Pappelau befassen. Über beide Veranstaltungen wurden ausführliche Berichte mit aufschlußreichen Äußerungen verfaßt. Nachdem der Dekan Einzelheiten erfahren hatte, mißbilligte er in einem langen und deutlichen Brief das Verhalten des Pappelauer Pfarrers. Er schrieb:

> „Hoch Ehrwürdiger, Hochgelehrter,
> Hochzuverehrender Herr Collega!
>
> Es kam heute vormittags Christian Erb, Weber in Gerhausen, zu mir, klagte mir mit den bittersten Thränen die heute vor 8 Tagen durch den Maientag verursachte Verunglückung seiner lezthin konfirmirten Tochter Anna Maria, und verlangte zugleich von mir zu wissen, woher er als ein ganz armer Mann die Kosten für die Kur nehmen solle, die langwierig zu werden scheine. Da ich ihm diese Frage nicht zu beantworten wußte, sandte ich ihn zum Hochlöblichen Oberamt, welches ihm ohne Zweifel den nötigen Bescheid gegeben haben wird."

Anschließend nahm der Dekan dann die Gelegenheit wahr und sprach mit dem Pfarrer auch über seine Auftritte, die lauten Unwillen in den „umliegenden Amtsorten" erregt hatten. Er wollte wissen, warum er „gegen den Wunsch der Eltern und Kinder, eine Lustbarkeit veranstalten konnte, die, wenn sie auch nicht mit augenscheinlicher Gefahr verbunden war, doch so wenig anständiges hatte, daß sie von Niemand weniger, als von einem Seelsorger veranstaltet werden darf; die noch überdieß mit Kosten verbunden war, die gerade zu einer Zeit, wie die gegenwärtige ist, jedem Familien-Vater höchst unerwünscht seyn müssen. Dieß alles mußte Euer Hoch Ehrwürden wissen, und stunden doch nicht davon ab, muß es also Ihnen nicht große Verantwortung bringen?"

Leider war das nur der Anfang! Der traurigen Geschichte von Gerhausen folgte nämlich eine noch schlimmere nach! Entrüstet fragte der Dekan:

> „Wer hätte gedacht, daß die unglückliche Geschichte, wovon Sie Zeuge und Ursächer waren, daß der laut geäußerte Unwille der

Gemeinde nicht auf Zeitlebens Ihnen zur Warnung dienen würde? Dieß geschah aber nicht, das Gegentheil trat durch Ihre neue Veranstaltung ein!

Das Fest der Himmelfahrt Christi, ein Fest, das jedes Christliche Herz zu höheren Gedanken begeistern muß, war Ihnen nicht zu heilig, um es zu gleichen Unordnungen zu mißbrauchen. Schreiende Ärgernisse begingen Sie da, und reizten die erwachsene Jugend an, auf Ihren Vorgang solche zu begehen. Die gleiche höchstunanständige Lustbarkeit wurde vorgenommen, sie lief zwar dießmalen ohne Verunglückung ab, aber durch ein schröckliches Ärgerniß wurde sie ausgezeichnet. Die ledigen Leute sollten auf Ihre Anweisung die unter ihnen gebräuchlichen Gassenlieder, die man auch, wie man mir versichert, Hurenlieder nennen könnte, absingen. Die ledigen Leute, von Schaamgefühl abgehalten, hoffentlich auch aus Scheu, das Fest zu grob zu entheiligen, schwiegen; dieß hinderte aber Sie nicht, auf Ihrem blasenden Instrument eben diese schändlichen Stücke, wovon die Zuhörer den Text hinzudachten, öffentlich vorzutragen. Mit größtem Unwillen ging der vernünftige, bessergesinnte Theil der Zuschauer nach Hause, alle aber erfüllten mit dem, was sie sahen und hörten, die Amtsstadt und die umliegenden Orte, verbreiteten mit ihren Erzählungen auch den Unwillen über die schändlichen Ärgernisse."

In Windeseile waren die Maienfeierlichkeiten von Pfarrer Kohler zum Tagesgespräch geworden! Nun warteten viele begierig und voll Spannung, was der Dekan verfügen würde! Dieser schrieb an den Pfarrer:

„Inzwischen verfüge ich dieß eine, daß ich Ihnen das unanständige Betragen, das Sie bei diesen ganz ungebührenden und von den Gemeinden verwünschten Lustbarkeiten bewiesen, und die gegebenen öffentlichen Ärgernisse an einem heiligen Tage mit der größten Indignation verweise und ein für allemal verbiete, solche Auftritte je wieder sich zu Schulden kommen zu lassen; widrigenfalls ich ohne weiteres bei der allerhöchsten Behörde die gebührende Anzeige machen würde. Ihrer Amtsehre und Ihrer persönlichen Achtung haben Sie den größten Schaden zugefügt, und fürwahr, Sie haben viel zu thun, um von dem mutwillig gegebenen Ärgerniß nur die Hälfte wieder gut zu machen. Das Weitere muß ich ausgesezt seyn lassen auf das, was die Gemeinden weiter angeben werden.
Ich habe kein größeres Leid, als wenn ich mit den Herren Kollegen auf so unangenehme und auf jeden Fall mißliche Weise handeln muß; übrigens verspreche ich mir, daß diese meine Vorstellung für die Zukunft die gewünschten Eindrücke auf Euer Hoch Ehrwürden machen, und zu einem gesezteren und vorsichtigeren Betragen veranlassen möge."

Das war Ende Mai. Anfang Iuni erreichte den Dekan eine Antwort des Ortspfarrers. Er beklagte sich bitter, daß der Dekan von ihm keine Verantwortung gefordert habe. Da er ihn nur auf Grund von Gerüchten verurteilt hatte, wandte er sich mit einer Beschwerde an das Konsistorium.

Kurz danach ordnete Seine Königliche Majestät eine Stellungnahme des Dekans an. Daraufhin erstattete „Decanus M. Baur allerunterthänigst den allergnädigst geforderten ausführlichen Bericht". Er ließ an Deutlichkeit nichts zu wünschen übrig:

> „Euer Königliche Majestät
> haben mir auf die von Pfarrer M. Kohler gegen mich erhobene Beschwerde über die von mir für die Zukunft untersagte Kinder-Maien-Feier den allergnädigsten Auftrag ertheilt, hierüber und über den Inhalt der mir zugeschickten communicati ausführlichen Bericht zu erstatten. Ich thue dieses allergnädigst befohlener Maaßen:
>
> Pfarrer Kohler in Pappelau hat auch heuer, wie er vorgibt, auf Bitte und nach dem Wunsch der Schulkinder und ihrer Eltern ein Maien-Fest veranstaltet, sowohl in seinem Pfarrort als auch in dem Filial Gerhausen. Die Kinder aber haben, wie man mir amtlich versichert, für sich selbst nicht daran gedacht, um eine solche Lustbarkeit zu bitten, sondern er hat sie dazu aufgefordert und ihnen eine schriftliche Bitte aufgesezt, welche sie bei der Schulvisitation an ihn und die Ortsvorsteher richten sollten."

Obwohl der Pfarrer recht schlau und durchtrieben zu Werke gegangen war, stieß er auf Widerstand. Außer den Ortsvorstehern machte vor allem der Schultheiß Einwendungen. Er wies auf die Armut der Leute und auf den „Drang der Zeitumstände" hin. Pfarrer Kohler kümmerte das nicht! Er sprach die jungen Leute an und versuchte zur Bestreitung der Unkosten Beiträge zu erhalten. Nachdem er von ihnen nicht das Geringste bekommen hatte, wandte er sich an die Bürger. Da sie ihm aber auch jede Unterstützung verweigert hatten, kam der Dekan in seinem Bericht zu dem Schluß: „Demnach haben es sich die Kinder nicht ausgebeten, und die Eltern haben es nicht gewünscht." Trotzdem hielt der Pfarrer an seinem Plan fest!

Schließlich kam „die Lustbarkeit" zustande und es wurde aus zwei Balken und einem Querholz eine Schaukel errichtet. Das vorher im Ort unbekannte Vergnügen fand tatsächlich bei manchen Erwachsenen Gefallen! Sie benützten die Gelegenheit und schaukelten unbekümmert. Plötzlich aber stürzte das nur mit Seilen verbundene Gerüst ein und riß unter den Zuschauern ein Mädchen so unglücklich zu Boden, daß es einen komplizierten Beinbruch erlitt! Dieses Unglück erregte über den Pfarrer, der eigensinnig die „Lustbarkeit" erzwungen hatte, allgemein lauten Unwillen.

Im zweiten Teil seines Berichts betonte der Dekan:

> „Was nun die Auftritte am Himmelfahrts-Feste in Pappelau betrifft, so befanden sich dieselben wirklich so, wie sie in dem Schreiben des Dekans angegeben und dem Pfarrer vorgehalten wurden. Der Schultheiß im Filial Beiningen bezeugte, alle Worte seyen wahr, die in diesem Schreiben enthalten seyen. Er sey nur zufälliger Weise nach Pappelau gekommen, aber er habe es mit angehört, daß Jedermann unwillig darüber gewesen seye, daß Pfarrer nicht lieber am Himmelfahrts-Fest den Nachmittags-Gottesdienst gehalten, als daß er diesen versäumt und eine solche Komödie angestellt habe."

Der Dekan war überzeugt, daß er „nicht unrecht handelte, als er für die Zukunft die Veranstaltung solcher Maien-Feyerlichkeiten untersagte", und fügte noch hinzu, „niemand weniger, als dieser Mann, ist dazu geeignet, dergleichen etwas zu veranstalten, Er, der sich so gerne über alle Schicklichkeit und Wohlanständigkeit hinwegsetzt. Aus diesen Gründen wäre es sehr zu wünschen, daß, um was es ihm am meisten zu thun ist, die Fortsetzung seiner Maien-Feyerlichkeiten, durch Allerhöchsten Befehl ernstlichst untersagt würden. Welches ich übrigens Allerhöchstdero eigener Entscheidung gebührendst anheimzustellen habe."

Da Dekan Baur nicht aufgefordert war, sich zu verantworten, ließ er es bei seinem „allergnädigst abgeforderten allerunterthänigsten Bericht bewenden" und verharrte in tiefer Ehrfurcht als

> Euer Königlichen Majestät allerunterthänigster
> verpflicht-gehorsamster Diener
> M. Baur, Decanus.

Das Königlich Oberkonsistorium gab sich mit diesem Bericht nicht zufrieden! Es beauftragte den Ulmer General-Superintendenten mit einer eigenen Untersuchung! Erst nach Abschluß dieser zusätzlichen Nachforschungen wurde dem Dekan die Antwort auf seinen eingeforderten Bericht präsentiert. Dieser Erlaß, der anschließend wiedergegeben wird, dürfte den Herrn Dekan sehr überrascht und enttäuscht haben:

Friedrich,
von Gottes Gnaden
König von Württemberg
Souveräner Herzog in Schwaben und von Teck ec. ec.

Lieber Getreuer!

Auf Euren unterthänigsten Bericht v. 30. Iuni d.J. über die Mayenfeierlichkeit welche der Pfarrer M. Kohler in Pappelau veranstaltet hat, geben Wir Euch gnädigst zu erkennen, daß Wir durch Unsern General-Superintendenten, den Prälat Schmid, dem Pfarrer M.

Kohler das Unvorsichtige und Unschickliche seines Betragens bey der Veranstaltung der Mayenfeierlichkeit haben verweisen, und ihn zu größerer Vorsicht und Behutsamkeit haben ermahnen lassen. Da sich jedoch aus der Untersuchung des Prälaten Schmid zugleich ergeben hat, daß die Lieder, welche Pfarrer M. Kohler bey diesen Mayenfesten singen ließ, oder zum Singen vorlegte, weder einen allgemeinen noch hinreichend begründeten Anstoß erregt haben, so können Wir Unser Befremden darüber, daß Ihr in Eurem Schreiben an den noch nicht gehörten Pfarrer diese Lieder mit so harten Ausdrücken bezeichnet habt, nicht unverhalten lassen. Wir versehen Uns daher zu Euch, daß Ihr künftig den Pfarrer M. Kohler bey etwaigen Verirrungen seines pädagogischen Eifers mit schonender Rücksicht auf das Gute und Lobenwürdige desselben zurechtweisen, und vor der Zurechtweisung ihn zur eigenen Verantwortung auffordern werdet.

Gegeben, Stuttgart, im Königlichen Ober-Consistorium, den 10ten Sept.1814.

Im Gegensatz zum Königlichen Ober-Consistorium in Stuttgart konnten die bodenständigen und von harter Arbeit gezeichneten Albbauern von Pappelau an den Maienfeiern ihres Pfarrers nichts „Gutes und Lobenswürdiges" erkennen. Ihre Meinung über die „Verirrungen seines pädagogischen Eifers" war eindeutig:

„Was dem Herrn Pfarrer die Liebe und die Achtung seiner Gemeinde nehme", urteilte der Bürgermeister, „seien die Maientage; man hielte ihn gewiß mehr in Ehren, wenn er sie aufgäbe."

Jahre später, im Dezember 1822, sah sich die Königliche Synode veranlaßt, Anordnungen und Weisungen für die Maientage zur „allgemeinen Nachachtung" bekannt zu machen. Ihr war inzwischen zur Kenntnis gekommen, „daß die sogenannten Maientage an mehreren Orten von ihrer ursprünglichen Bestimmung, bloß Feste der Schuljugend zu sein, sich entfernt, und in eigentliche Volks-Feste und Tanz-Belustigungen für Erwachsene verwandelt haben". Darum wurde bestimmt, die Maientage ausschließlich als Feste der Schuljugend zu feiern. Ihre Anordnung, Leitung und Beaufsichtigung war dem örtlichen Kirchenkonvent als zuständiger Orts-Schulbehörde übertragen. Sie hatte dafür zu sorgen, daß „das Vergnügen der Schuljugend anständig, der Gesundheit nicht nachtheilig, und frey von Ärgernissen bleibe". Ortsgeistliche und Schullehrer hatten sich an diesen Tagen als Stellvertreter der Eltern zu betrachten.

Diese Weisungen hätte Dekan Baur sicher sehr begrüßt. Bereits im Sommer 1817 aber war er überraschend im Amt verstorben.

Ein ganz besonderer Fall und seine Folgen.

Im August 1838 „haben Seine Königlich Majestät vermöge höchster Entschließung den Pfarrer Steeb zu Untereisesheim Dekanats Heilbronn auf die erle-
digte Pfarrei Merklingen zu versetzen geruht".

Auf der Alb wurde des Pfarrers Darstellungsgabe und seine Kunstliebe rasch
bekannt, und der Dekan stellte fest, daß dieser Mann in seinem Amt sehr tätig
war, beanstandete aber später, „daß er sich nicht eben gerne an Gesetz und
Regel bindet und kein Freund äußerer Ordnung ist".

Mit ihm war, wie sich bald herausstelle, ein recht eigenwilliger und unruhiger
Geist in die Blaubeurer Diözese gekommen. Darüber ist aus einer Reihe von
Briefen und Erlassen des Konsistoriums allerhand zu erfahren. Zunächst:
Mitte Januar 1839 mußte sich der Dekan von Heilbronn auf Weisung der
hohen Kirchenbehörde an seinen Blaubeurer Kollegen wenden und ihm mitteilen, daß in der Registratur von Untereisesheim „Defekte" vorgefunden
wurden, für die der vorige Pfarrer verantwortlich war. Bei einer Durchsicht
hatte sich gezeigt, daß fünf Jahrgänge des Regierungsblatts ganz fehlten, und
fünf weitere nur unvollständig vorhanden waren.

Dann berichtete er noch, daß Pfarrer Steeb von seiner Pfarrei vor dem Termin abgegangen sei, ohne dies irgend einer Behörde anzuzeigen und auch
seine Registratur niemandem urkundlich übergeben habe. Darum war nun
der Pfarrer „zu einer Erklärung zu veranlassen, ob er die in seine Amtsführung fallenden Defekte selber ergänzen und die fehlenden Jahrgänge
selbst anschaffen wolle, oder ob er die Herbeischaffung dem Kirchenkonvent
überlassen und zu Bezahlung der Kosten Anweisung geben wolle?" Umgehend forderte das Blaubeurer Dekanat am 16.Januar 1839 von Pfarrer Steeb
„bis nächstkünftigen Botentag umfassende schriftliche Auskunft zu erteilen".
Aber damit war der Fall nicht erledigt. Fast eineinhalb Jahre später hatte ihm
das Dekanatamt im Iuni 1840 „zur Nachachtung zu eröffnen", daß ihm das
Konsistorium zur Ergänzung der Pfarr-Registratur von Untereisesheim „einen
Termin von drei Monaten anberaumt haben wolle, nach deren fruchtlosen
Verlaufe auf seine Kosten von Amtswegen dafür gesorgt werden wird".

So ärgerlich für die Beteiligten diese sich lange hinziehende Angelegenheit
gewesen sein mag, so harmlos endete sie schließlich. Was sich aber dann noch
zutrug, hatte Folgen.

Durch seine Tätigkeit zog Pfarrer Steeb aus benachbarten Gemeinden allerlei Leute an. Sie besuchten seine Predigten und die im Pfarrhaus abgehaltenen Stunden. Unter den Teilnehmern gab es auch seelisch Kranke, die sich
offenbar zu seinem Kreis besonders hingezogen fühlten, und er öffnete
ihnen sein Haus.

Unterdessen war auch dem Dekan dieses und jenes zu Ohren gekommen. Da er als verantwortlicher Vorgesetzter solchen Vorkommnissen nachgehen mußte, schrieb er im Februar 1840 nach Merklingen:

Euer Hochwürden

haben, wie ich höre, schon lange eine kranke Weibsperson in Ihrem Hause, die Sie für besessen halten, und von der Sie die ihr nach Ihrer Ansicht einwohnenden Dämonen bisher erfolglos auszutreiben bemüht waren. Auch sagte man mir, daß Sie sonst als Exorzist umherreisen und mehrfach diesfallsige Versuche da und dort schon angestellt haben. Zugleich erfahre ich, daß dieses unfruchtbare Geschäft nicht nur in Ihrer Gemeinde, sondern auch in der ganzen Umgegend ein widriges Aufsehen erregt, und daß bereits viele Anstoß daran nehmen. Ich sehe mich daher genötigt, Sie als Dekan aufzufordern, die kranke Person so bald wie möglich wieder in ihr Heimwesen zurückzusenden, und, wenn Sie können, dafür zu sorgen, daß sie dort von einem geschickten und erfahrenen Arzte behandelt wird. Denn was würden Sie anfangen, wenn sie zuletzt in Ihrem Hause entweder unheilbar krank würde, oder gar mit Tod abginge?

Lieber, lieber Herr Kollege, Sie sind ja weder als Arzt noch als Exorzist, sondern als Pfarrer und Seelsorger nach Merklingen gesandt worden, und in letzterer Eigenschaft werden Sie dort in Kirche und Schule zu tun genug finden, wenn Sie ihren Obliegenheiten gewissenhaft nachkommen wollen. – Legen Sie daher diese Sieben-Sachen, die offenbar nicht Ihres Amtes sind, sondern vielmehr Ihrer der Kirche und Schule in Merklingen zu widmenden amtlichen Wirksamkeit störend und hemmend in den Weg treten, für immer auf die Seite, und schreiben Sie mir nächstkünftigen Botentag ohne Rückhalt und unumwunden, was zu tun Sie gesonnen seien.

Unter meiner gehorsamen Empfehlung
Decan Bockshammer.

Schon am nächsten Botentag kam eine Antwort des Pfarrers in Blaubeuren an. Er verteidigte sich nicht nur leidenschaftlich und wortgewandt, sondern setzte sich auch in seinem langen Brief anmaßend in Szene:

„Es ist wahr, daß ich eine (kranke) Person im Hause habe, aber nicht wahr – wie Euer Hochwürden Bericht bekommen haben – ist es, daß ich bisher ohne Erfolg gearbeitet habe."

Dann fuhr er fort: „Die Person, die Euer Hochwürden eine für mich so nachtheilige Eröffnung gemacht hat, muß entweder eine höchst angstvolle Creatur, oder eine sehr malitiöse seyn. Es ist unverschämte Lüge, daß ich als Exorzist in der Gegend umherreise. Meine Reisen beschränken sich auf Blaubeuren, hie und da Ulm. In Blaubeuren habe ich es mit Felsen und Wäldern zu tun, denn meist zeichne ich im Freien, wenns immer das Wetter zuläßt, und in Ulm habe ich Verwandte und viele Bekannte. Dort besuche ich die Kunsthandlung Nübling, treibe mich mit Lithographen um, aber nicht mit Dämonen, denn wollte ich anfangen, das zu tun, wie könnte ich fertig werden, da es dort zu tausend gibt.

In einer ausführlichen Darlegung rechtfertigte er anschließend sein Handeln und suchte es biblisch zu begründen:

> „Mein Geschäft an der Person – die aber nicht mehr krank ist – soll im Ort Ärgernis geben? Nein, das ist nicht der Fall. Nur bei vornehmen aufgeklärten Christen kann dies Ärgernis geben, wenn man sich einer elenden, verlassenen, in höchstem Grad leidenden Person annimmt. Was kümmerts mich, wenn es eine oder zwei Seelen im Orte gibt, denen meine Arbeit ein Ärgernis ist und eine Torheit? Die Juden und Griechen habe ich von jeher wenig gemocht!"

Der Aufforderung des Dekans, die Kranke wieder in ihre Heimat zu schicken, und dafür Sorge zu tragen, daß sie in die Hände eines geschickten Arztes komme, begegnete er recht vermessen:

> „Ehe ich sie einem Arzte übergebe, lege ich sie lieber in den Schnee, damit sie sanft einschlummert ins andere Leben. Wie? Diese Person soll ich einem Arzt übergeben, die alle Ärzte in Ulm, Blaubeuren und Geislingen, ja in weiter Ferne gebraucht hat. Sie alle haben erklärt, daß sie durchaus kein Mittel für sie wissen, auch sagte der Herr Oberamtsarzt von Blaubeuren, sie solle keine Arznei mehr gebrauchen, es helfe nichts. Überdies ist sie von Ärzten da und dort sehr mißhandelt worden. Ihr gings wie jener im Evangelio: Sie hat viel gelitten. Und nun möchte ich sie um alles in der Welt willen nicht mehr einem dieser Herren anvertrauen, die ja doch mir selbst schon Kranke übergeben wollten, mit denen sie nicht haben fertig werden können.
> Nur eher wird der Himmel einfallen, als daß die bewußte Person in meinem Hause sterben würde. Nein, sie ist gesund, ihr fehlt noch etwas, nur eine Kleinigkeit, dann geht sie an Leib und Seele gesund, vollkommen gesund, in ihre Heimat, und in wenigen Monaten hat sie alsdann hier erreicht, was sie um viel Geld vergebens 40! Jahre lang umsonst bei den Herren Doktoren gesucht hat."

Gewandt nahm der Schreiber dann ein Argument des Dekans auf und wandte es zu seinen Gunsten:

> „Es ist wahr, wie Euer Hochwürden sagen, daß ich nicht als Exorzist hieher berufen sei, sondern als Pfarrer und Seelsorger, und daß ich als solcher genug hier zu tun habe. Es ist aber auch Christenpflicht, sich eines von der Welt Verlassenen anzunehmen, für eine Leidende

zu beten und ihr Trost zu geben. Überdies ist das Geschäft nicht gar zu sehr vom Beruf eines Lehrers und Dieners des göttlichen Wortes entfernt. (cf. Marcus 16, 17; Marc. 3, 15 und 6, 13, Lukas 9, 1) Inwiefern die Pfarrer unserer Zeit so etwas auf sich anwenden dürfen, ist freilich eine Frage, deren Beantwortung nicht hieher gehört."

Er war sicher, daß die Fürsorge, die er dieser Kranken angedeihen ließ, seine Wirksmkeit nicht störe. Er arbeite nämlich von morgens 7 Uhr bis nachts 9 Uhr mit 2 Stunden Unterbrechung und nehme sich keine Zeit, die Woche über spazieren zu gehen. Wenn er aber zwei Wochen anhaltend gearbeitet habe, brauche er, seiner schwachen körperlichen Konstitution wegen, wieder Erholung. Er war aber auch überzeugt, keinem einzigen in der Diözese an Fleiß und Sorge für das Seelenheil der Anvertrauten nachzustehen. Dann versicherte er:

"Euer Hochwürden werde ich gewiß künftig keine Veranlassung mehr zu Besorgnissen wegen meiner Person geben, bin aber auch geneigt, über diese Angelegenheit, die wohl zu den wichtigsten gehört, später jede gewünschte Auskunft zu geben. Es gibt eine Zeit zu schweigen und eine andere zu reden." Sein Brief endete: "Schließlich kann ich nicht unterlassen, Euer Hochwürden für den Ausdruck Ihrer milden Gesinnung gegen mich zu danken, denn nicht leicht wird sich ein Decan bei verschiedener Ansicht zwischen sich und dem Pfarrer so human ausgesprochen haben."

Mit größter Hochachtung
habe ich die Ehre zu seyn

Merklingen, d. 13. Febr. 1840 Dero
gehorsamster Diener
Pfr. Steeb.

Beim Königlichen Konsistorium in Stuttagrt war man schon vor Jahren auf das eigenwillige Treiben des Pfarrers aufmerksam geworden. Daher mußte das Generalat in Ulm den Dekan beauftragen, gewissenhaft Bericht zu erstatten, ob Pfarrer Steeb seine exorzistischen Versuche auch in Merklingen fortsetze. Der Dekan mußte dies bejahen, da er von verschiedenen Seiten vernommen hatte, daß ein solcher Versuch sogar in der Kirche vorgenommen worden sei. Er setzte dieser Nachricht jedoch bei, daß er zuversichtlich hoffe, ähnliches werde für die Zukunft unterbleiben.
Nach der Versicherung des Pfarrers, daß er zukünftig keine Veranlassung zu Besorgnis geben werde, hegte der Dekan die Hoffnung, daß in dieser Angelegenheit nun Ruhe einkehre. Er war bereit, so gut er konnte, dazu beizutragen, erwähnte in seinem nächsten Bericht diese Sache nur streifend und bemerkte zugleich, daß er sie für abgetan halte.
Ein Jahr später war der nächste Dekansbericht fällig. Auf die Anfrage, wie es um den kranken Gast im Merklinger Pfarrhaus stehe, kam am 18. Februar 1841 ein Antwortbrief. Er enthielt die Nachricht, daß die bewußte Person

gesund sei und für die Frau Pfarrer gerade ein Stückchen Tuch spinne, um hernach noch „ein Halbduzend Hemden" zu verfertigen, weil sie eine vorzügliche Näherin sei. Ihren langen Aufenthalt im Pfarrhaus rechtfertigte der Pfarrer so: „Habe ich mit dieser Person manche Trauerstunde verlebt, so will ich sie jetzt auch noch in ihren frohen Stunden um mich haben, und das deshalb, weil sie sich durch ihren Glauben und Liebe zum Herrn so vorteihaft auszeichnet, daß sie wohl kein Mensch auf Erden übertreffen würde."

Da der Schreiber jedoch wußte, was ihm drohte, bemerkte er in einem Nachsatz: „Ich erlaube mir noch über diese Angelegenheit privatim eine nähere Erklärung – womöglich nächsten Botentag – einzusenden."

Schon in der folgenden Woche legte er in einem ausführlichen Brief nicht nur sein Tun dar, sondern band auch dem Dekan das künftige Geschick seiner Familie aufs Gewissen. Er schrieb:

> „Euer Hochwürden
> haben schon zum zweitenmal in Betreff der Person, die bei mir ist, an die höhere Behörde berichtet, unerachtet keine Klage gegen mich eingegangen ist, und Sie diese Sache nur durch die fama, diese so geschwätzige und oft so boshafte Matrone gehört haben.
> Es wird mir schwer, sehr schwer, dieses doppelte Berichterstatten mit der allbekannten Menschenfreundlichkeit und Güte zu vereinigen, wodurch sich Euer Hochwürden auszeichnen, und das um so mehr, da mir Beispiele bekannt sind, wie sehr Sie sich schon Mühe gegeben haben auch da zu vermitteln, wo offenbares Ärgernis und Verletzung der Amtspflicht zu Grunde lag."

Dann erinnerte er daran, daß der Herr Dekan schon wiederholt mit unverkennbarem Bedauern von exorzistischen Versuchen, denen er sich hingebe, gesprochen habe, und hielt ihm entgegen: „Ich für meine Person, weiß nichts von fortgesetzten exorzistischen Versuchen, sondern nur davon, daß man durchs Gebet Berge versetzen kann", und er fügte hinzu: „daß man Leidenden, denen kein Doktor, kein Apotheker in der ganzen Welt helfen kann, einzig nur auf diesem Wege helfen kann".

Er behauptete, „redende Tatsachen liegen bis jetzt noch in meinem Pulte verschlossen und warten auf den Augenblick, bis sie auf einen Wink vom Herrn ans Tageslicht hervorgehen dürfen." Er war fest davon überzeugt: „Es gibt eine Zeit zum Schweigen, zum Warten, aber auch eine zum Reden." Ja, „es gibt eine Zeit, wo man es sich gefallen lassen muß, ein Narr vor der Welt zu sein, aber es kommt auch wieder eine Zeit, wo man der Welt ihre Torheit und Unglauben vor Augen stellen darf."

Als aufmerksamer Beobachter der Zeitereignisse und kritischer Zeitungsleser setzte er noch hinzu, „dann werden auch alle jene heillosen Zeitungsartikel, welche die leicht irre machen, denen der Blick ins höhere Reich oder in das Geheimnis der Bosheit versagt ist, ihre Beantwortung finden". Seinen

Unwillen hatte ein Artikel erregt, in welchem der Kraft des Namens Jesu alle Wirkung abgesprochen wurde, der aber gleichzeitig Johann Salomo Semler – seit 1753 ordentlicher Professor der Theologie in Halle – als Vertreter der von der Aufklärung eröffneten religiösen und historischen Bibelkritik hochgepriesen hatte. Seine zeitgeschichtliche Bemerkung schloß er mit der Feststellung: „Ist es nicht höchst traurig, daß unsere Zeit nicht begreifen will, daß die wahre Aufklärung nur von oben her käme, und daß die von ihr gepriesene Aufklärung von unten herstammt!"

Danach kam er wieder auf den Anlaß seines Schreibens zurück und fragte herausfordernd: „Habe ich nun so arg Unrecht gethan und ein Werk übernommen, das Absetzung verdient, wenn ich einer Person mein Haus in christlicher Liebe geöffnet habe, die der Herr zu mir gewiesen, und die schon 40 Jahre ein Leiden getragen hat, womit Hiobs und Lazarus Leiden fast gar nicht in Vergleich kommt? Habe ich unrecht gethan, daß ich dieser Person im Vertrauen auf die Gotteskraft versprochen habe, ich wolle mit ihr im lebendigen Glauben an den Herrn so lange im Gebet fortfahren, bis der Herr Hilfe gesandt habe?" Für ihn konnte die Antwort nur ein klares „Nein" sein. Er sah sich in seinem Tun bestätigt und in seinem Beten erhört. Darum auch sein Ausruf: „Und dies ist geschehen!" Die Aussage zweier Ärzte, darunter die Bemerkung: „Dieser Person kann von keinem Arzt in der Welt geholfen werden, weil ihr Leiden nicht im Körper liegt, es muß auf andere Weise gehoben werden", empfand er als Bestätigung seiner Bemühungen. Fast triumphierend fuhr er fort: „Vorher aber, ehe sie dies aussprachen, haben sie die Gaben der Apotheke in reichem Maß an sie verschwendet, und wieviele Duzende der geschicktesten Doktoren haben ihre Kunst und Wissenschaft an ihr probiert!"

„Warum", fragte er, „will man es mir so schwer machen, da der Herr hier in kurzer Zeit hat geschehen lassen, was in 40 Jahren durch keine Kunst und Wissenschaft ist erreicht worden? Warum muß ich gerade der Pfarrer sein, der so streng überwacht wird, und der beweisen kann, daß er sich einzig nur an das Evangelium hält?"

In den nächsten Abschnitten seiner „Privat-Erklärung" setzte er sich noch einmal mit der Rolle des Dekans und seiner Stellungnahme zu dieser Sache auseinander: „Euer Hochwürden ist bekannt, wie der herrschende Geist unserer Kirche gegen alles das eifert, was von der Art ist, auch die Drohungen des Consistoriums gegen mich sind Ihnen bekannt, und ich begreife deshalb nicht, wie Sie das Wohl einer Familie durch einen zweiten Bericht mochten in Gefahr bringen, da ja keine Klage vorlag, und da nirgends ein Richter ist, wo kein Kläger ist. Wohl mögen Euer Hochwürden darauf antworten: Aber wie magst Du Dich mit einer solchen Person abgeben, da Dir schon im Unterland mit Absetzung gedroht, und Du hier schon verwarnt wurdest. Darauf hätte ich viel zu sagen, nur dies für den Augenblick: Ich bin in eine Lage vom Herrn gesetzt, wo es mir zur Pflicht gemacht wurde, Ihm mehr als den Menschen zu gehorchen. Act. 5, 29."

Schließlich äußerte er ohne Scheu: „Ich lege nun das Wohl meiner Familie auf Ihr Gewissen. Ich weiß, wie man berichtet, so richtet man", und er bekannte: „Wies auch kommen mag, ich halte mich an den, der noch keinen verlassen hat, der im Aufblick auf Jesu ein gutes Werk unternommen hat." Was er dann noch schrieb, charakterisierte ihn in jeder Hinsicht trefflich:

> „Nun, ich hoffe, es wird nicht mehr so lange anstehen, daß ich der Welt beweisen darf, daß alle, die gegen diese Sache sind, ein Gotteswerk verhindern, ja gegen Ihn selber streiten wollten. Was hier geschah, wird sich – so klar als die Sonne – als Gotteswerk legitimieren.
> Inzwischen noch verschließe ich mein Journal, lasse mich in aller Geduld einen Toren nennen, und trage die Last, die mir der Herr auferlegt, da ich wohl weiß, daß meine kurze Angst und Tränensaat eine unaussprechliche Freudenernte bringen wird."

In den Schlußabschnitten seines Briefes war er zunächst der bescheidene Bittsteller:

> „Wenns immer sein kann, und wenn es nicht Amtspflicht gebietet, so bitte ich gehorsam, mir nicht über diese Angelegenheit zu schreiben, ich möchte meine liebe Frau nicht in Sorge und Angst versetzen, und will lieber die Sorge allein tragen.
> Ich bitte nun Euer Hochwürden gehorsam, die Äußerungen gütigst aufzunehmen, sie durchaus niemand mitzuteilen, bis die Zeit kommt, wo ich reden darf." Selbstsicher und ohne den geringsten Zweifel beharrte er darauf: „Und diese Zeit bleibt nicht aus, so wahr der Herr im Himmel lebt, der mich auch seines Schutzes feierlich versichert hat."

Seine „Privat-Erklärung" schloß in der damals üblichen Form:

> „Ich empfehle mich Euer Hochwürden angelegentlichst und
> habe die Ehre
> mit größter Hochachtung zu verharren
> Dero ganz ergebener Diener   Pfr. M. Steeb."

Unmittelbar danach mußte der Dekan wieder tätig werden. Über das Generalat war ihm ein Erlaß der Königlichen Synode zugegangen, die sich ebenfalls mit dem Vorkommnis befaßt hatte. Es wurde verfügt, „wenn Pfarrer Steeb in Merklingen sich wieder eine Teufelsaustreibung beigehen lassen sollte, die Anzeige hievon sogleich zu machen". Dem Pfarrer aber war zu eröffnen, daß er im Wiederholungsfall mit der Entlassung rechnen müsse. „Es scheint", schrieb der Dekan, „daß diese Weisung Eindruck auf ihn gemacht hat". Exorzistische Versuche jedoch gab er nicht zu, sondern beteuerte, er lege nur „einen besonderen Akzent auf die Wirksamkeit eines gläubigen Gebets bei Kranken, wo es diesen auch immer fehlen möge".

Für den Dekan, der seiner Amtspflicht nachkommen mußte, war der Fall eine überaus heikle, und wie mehrere Äußerungen zeigen, teilweise auch undurchsichtige Angelegenheit. So berichtete er nach der Eröffnung des Synodalerlasses im Jahr 1841: „Eine amtliche Anzeige kann ich erst machen, wenn ich, was schwer sein wird, und was ich vor der Hand nicht glauben will, mit Sicherheit und Bestimmtheit in Erfahrung bringe, daß seine Aussagen nicht stichhaltig sind."

Auch im folgenden Jahr war dem Konsistorium über die Gemeinden und ihre Pfarrer, sowie über die Schulen und die Arbeit der Lehrer Auskunft zu geben. Der Blaubeurer Dekan konnte nach den im Jahr 1841 ergangenen Erlassen und der Aufforderung zu gewissenhafter Berichterstattung die eigenwilligen Vorstellungen und Versuche des Merklinger Pfarrers nicht nur „streifend" in seinem neuen Übersichtsbericht erwähnen. Aber wie schon in den Vorjahren, so war er auch diesmal auf möglichst große Schonung des Betroffenen bedacht. Er schrieb:

> „Pfarrer Steeb in Merklingen glaubt fest, daß manche Krankheiten auch in unserer Zeit ein Werk der Dämonen seien und daß solche jetzt wie ehedem nur durch die Kraft eines gläubigen Gebets geheilt werden können. Er will es nicht wahr haben, daß er diese seine Ansichten auf die Kanzel bringe oder selbst tätigen Gebrauch von ihnen mache. Und doch soll, wie ich höre, beides der Fall sein.

> Sobald ich aber nach dem, was ich vernehme, mich da und dort erkundige, so weicht man mir aus und ich finde niemand, am wenigsten in der Gemeinde selbst, auf den ich mich berufen könnte. Seine fixen Ideen sind der hohen Oberbehörde längst bekannt und es läßt sich psychologisch nicht anders erwarten, als daß sie auch in seine öffentlichen Vorträge übergehen und in seinem Tun und Treiben sich auswirken werden."

Da aber bisher weder eine Klage gegen „diesen sonst unbescholtenen Mann" vorgebracht wurde, noch eine Anzeige erfolgte, auf die er sich amtlich berufen könnte, möchte der Dekan die Sache bis auf weiteres beruhen lassen.

Doch was sich damals in Merklingen zutrug, beschäftigte nicht nur den Dekan, auch in der Nachbargemeinde Nellingen mußte man sich damit ernsthaft auseinandersetzen
Zu den Merklinger Vorkommnissen, die der Dekan „bis auf weiteres beruhen lassen" wollte, ist eine Nachricht interessant, die von Pfarrer Martz, einem vorurteilsfreien und umsichtig handelnden Mann, stammt. Er protokollierte im Dezember 1850 aus einer gemeinsamen Sitzung von Kirchenkonvent, Gemeinderat und Bürgerausschuß, die sich mit den Folgen von Pfarrer Steebs Treiben in der Nellinger Gemeinde befaßt hatte, daß „vor ca. 9 Jahren ein Exorzismus sogar in der Kirche zu Merklingen in Anwesenheit und unter

Beistand hiesiger und Merklinger Zeugen versucht worden war". Noch aufschlußreicher aber ist, daß sich im gleichen Protokoll an zwei Stellen Hinweise auf die seit 1839 von Pfarrer Steeb beherbergte Kranke finden! Die Niederschrift nennt sie die „vor 5 Jahren im Pfarrhaus von Merklingen verstorbene ledige Weibsperson, Catharina M. von Ursprung, welche bei Lebzeiten, wie bekannt ist, vom Geistlichen zu Merklingen als somnambul oder besessen behandelt wurde."

Die zweite Erwähnung findet sich dann im Verhör eines Nellingers, der damals behauptete, daß er von dieser „Catharina M. aus Ursprung, die im Pfarrhaus zu Merklingen verschieden", und mit der er zu Lebzeiten in Verbindung stand, Offenbarungen erhalte.

Aus diesen Einträgen im Nellinger Kirchenkonvents-Protokoll geht eindeutig hervor, daß jene Kranke, entgegen aller Versicherungen und hochgespannten Erwartungen von Pfarrer Steeb, nicht geheilt in ihre Heimat zurückkehren konnte, sondern im Jahr 1845 in seinem Merklinger Pfarrhaus verstorben ist.

Die zweite Bemerkung aber legt nahe, dem noch genauer nachzuspüren, was das theologische Denken des Pfarrers besonders beeinflußte und seine Arbeit bestimmte. Allem nach waren es zunächst die biblischen Berichte von Besessenenheilungen. Daher ließ er sich unter Berufung auf die biblische Dämonologie um keinen Preis vom Glauben an das Besessensein mancher Kranken abbringen. Er behauptete eigensinnig, daß die Dämonen, die er annahm, „auch in der Gegenwart wie zur Zeit Christi und der Apostel, nur durch die Kraft eines wahrhaft gläubigen Gebets" ausgetrieben werden könnten.

Der sehr von der Phantasie geleitete und leicht erregbare Mann beschäftigte sich nicht nur ausgiebig mit den Nachtseiten der Natur, sondern, wie manche Äußerungen zeigen, ebenso gründlich mit den tiefe Umbrüche ankündigenden Zeitereignissen. Daher galt sein besonderes Interesse auch den prophetischen Büchern und der Prophetie. Stieß er mit seinen eigenwilligen Deutungen, die auch in seine Predigten einflossen, auf Kritik, setzte er sich mitunter heftig zur Wehr.

Besonders die Ereignisse der Jahre 1847/48 veranlaßten ihn, immer wieder zu den Zeitumständen und dem herrschenden Geist Stellung zu nehmen, er hätte sich sonst für einen „fatalen Prediger" gehalten. Darum schrieb er: „Was die gegenwärtige Zeit betrifft, so habe ich meiner Gemeinde dem Wort Gottes gemäß gesagt, daß sie keine bessere Zeit als von Menschen herkommend zu erwarten habe." Seine folgenden Sätze sind dann wohl im Blick auf die Pariser Februarrevolution von 1848 und die sich unter ihrem Einfluß ausbreitenden Unruhen in den süddeutschen und den meisten andern Staaten des Deutschen Bundes zu verstehen: „Ich gestehe es auch, daß ich seit dem Februar dieses Jahres noch keinen Augenblick eine Morgenröte einer glücklichen Zukunft gesehen habe, sondern, was die Zeit jede Stunde deutlicher predigen wird, eine immer größere Not im Staat und in der Kirche." Über diese Notzeit wies er seine Gemeinde „zum großen Wohlgefallen vieler, aber zum Ärgernis einzelner, durch falsche Wissenschaft irregeleiteter Leute", hinaus, und sagte ihr nach dem „prophetischen Schriftwort, das freilich noch arg versiegelt ist, daß eine glückliche Zeit nur vom Herrn komme."

Schließlich fällt noch ein Weiteres auf, das sein Denken wesentlich bestimmte. Die Beschäftigung mit der biblischen Prophtie brachte es mit sich, daß bei ihm apokalyptische Gedanken und Bibeltexte, die sich auf die Endzeit bezogen, ein immer größeres Gewicht bekamen. Da er unter den Zeitumständen litt, lebte er in einer eschatologischen Spannung, die ihn nicht nur ein endgeschichtliches Drama erwarten ließ, sondern bei ihm auch die Überzeugung nährte, daß die Mißernte von 1847 sowie die Unruhen gegen Mitte des 19. Jahrhunderts und der herrschende Zeitgeist untrügliche Vorzeichen für das in Kürze anbrechende Tausendjährige Reich sind.

Sowohl in seinen Stunden im Pfarrhaus, die vom engeren Anhängerkreis fleißig besucht wurden, als auch in seinen Predigten sprach er davon, daß zu jener Zeit der Richter alle, „bis auf das kleine Häuflein der Frommen" hinwegraffe und in den feurigen Pfuhl werfen werde. Auch die Erwartung, daß alle Gläubigen bald „gegen Morgen" wandern müssen, kehrte oft wieder. Wie damals ein Merklinger bemerkte, war darüber außer den Stundenleuten fast jedermann unzufrieden.

Auch in den folgenden Jahren richtete sich das Privatstudium des Pfarrers mit großer Ausschließlichkeit auf die Prophetie, so daß ein Nachbarkollege über ihn sagen konnte, er wisse „in jeder Viertelstunde an welchem Kapitel und Vers der Offenbarung" die Welt jetzt stehe.

Schon von Anfang an hatte Pfarrer Steebs Theologie und seine besonders ausgeprägte Redegabe auf manche Leute aus den Nachbargemeinden anziehend gewirkt. Darum war auch Georg Bückle mit andern zusammen jahrelang voll Begeisterung in die Stunden und Predigten des Merklinger Pfarrers gepilgert. Das sollte, wie sich danach zeigte, nicht ohne merkwürdige Folgen bleiben! Im Winter 1847/48 begann er nämlich in seinem Heimatdorf Nellingen „des Abends einer Anzahl Personen gemischten Geschlechts religiöse Vorträge" zu halten. Die Erlaubnis zu seinen religiösen Erbauungsstunden war ihm unter der Bedingung erteilt worden, daß er die „gesetzlichen Bestimmungen des Normalrescripts vom 10. Oktober 1743 und des Ministerial-Erlasses vom November 1841" beachte. So gestattete ihm das Pfarramt, „im vollen Vertrauen auf seinen christlichen Sinn" die Vorträge, „sofern sie sich auf dem Boden der augsburgischen Confession bewegen und nicht in chiliastische Grübeleien ausarten". Doch bald stellte sich in Unterredungen mit dem Ortspfarrer eine starke Neigung zum Chiliasmus heraus. Es kamen diesem auch sonderbare Äußerungen des Stundenhalters zu Ohren, die er über Besessenheit durch böse Geister gemacht hatte, und über Offenbarungen, welche er durch die im Merklinger Pfarrhaus verstorbenen ledigen Catharina M. aus Urspring erhalten habe. In den folgenden Jahren wurde klar, daß Bückles Ideen von Besessenheit und auch seine Erwartungen beim Anbruch des Tausendjährigen Reichs nicht nur im Bibelstudium wurzelten, sondern ihm von außen zugekommen sein müssen. Angelerntes und Unbegriffenes hatten sich mit seiner regen Phantasie vermischt und wurden vergröbert wiedergegeben. Seine unermüdlichen Umtriebe führten schließlich zur Bildung einer schwärmerischen Sekte, die in den Albdörfern von Lonsee bis Zainingen viele Anhänger fand.

Zügellose Phantasie, geistlicher Hochmut und krankhafte Geltungssucht des Gründers gipfelten in der Behauptung, er sei heilig und von der Sünde frei, „des lieben Heilands Ebenbild und dem ersten Sohn Gottes ähnlich".

Zur Entstehung dieser separatistischen Bewegung trug gewiß auch die Unruhe jener Jahre bei. Die Verhältnisse auf politischem, sozialem, wirtschaftlichem und technischem Gebiet und der Fortschritt der Naturwissenschaften wiesen auf tiefgreifende Umwälzungen und Veränderungen hin, verunsicherten viele und begünstigten das Aufkeimen und rasche Sprießen sektiererischer Neigungen.

Im Verlauf einer Untersuchung dieser Schwärmerei durch das Königliche gemeinschaftliche Oberamt gab der Kirchenkonvent Nellingen im Januar 1851 eine Erklärung zu den Akten. Darin bedauerte er, „sich zu der offenen Erklärung hingedrängt zu sehen, daß nach allgemein herrschender Ansicht die beklagenswerten Verirrungen Bückles und seiner Genossen – abgesehen von der Abgötterei, welche er mit seiner Person treiben läßt, und seinen neuesten an den Tag gekommenen Anmaßungen – ihren Ursprung in der Verbindung haben (wenigstens was das Dämonologische und Chiliastische betrifft), worin er und einige seiner Anhänger mit dem Pfarrer Steeb in Merklingen gestanden sind, und mit der in dem Hause desselben verstorbenen Catharina M". Außerdem enthielt diese Erklärung den Hinweis, daß das Treiben Steebs auch von den benachbarten Geistlichen schon länger beklagt wurde.

Daraufhin mußte das Dekanatamt den Beschuldigten über das ihm zur Last Gelegte aufklären und ihn im Namen der Oberkirchenbehörde zu rückhaltloser Äußerung auffordern. In seiner Antwort distanzierte sich Pfarrer Steeb natürlich von dieser Schwärmerei. Als das Konsistorium Jahre später wegen der Zulassung ehemaliger Merklinger Sektenmitglieder zum Abendmahl Anordnungen erließ, gab er an, daß das Pfarramt „außer aller Berührung mit den bezeichneten Leuten" stehe. Nach einer bindenden Aussage des Pfarrers über sein Verhältnis zu den Sektierern war das Konsistorium „vorerst beruhigt".

In der zuvor erwähnten Erklärung des Kirchenkonvents Nellingen hatte dieser „den dringenden Wunsch" ausgesprochen, dem Unwesen durch „die kräftigsten Maßregeln" zu steuern, „weil nur so Ruhe und Ordnung wiederkehren kann". Dem schloß sich die hohe Kirchenbehörde mit Nachdruck an. Die danach eingeleiteten Maßnahmen halfen eine Zeit lang. Bis aber in zwei Orten der Umgebung, in denen es erneut zu Ärgernissen gekommen war, endgültig Ruhe einkehrte und die Schwärmerei erlosch, bedurfte es des nachdrücklichsten Bemühens von gemeinschaftlichem Oberamt und Konsistorium.

Die Hoffnung, daß es nun überall rasch zu geordneten Verhältnissen kommen würde, trog. Zwar hatten sich auch in Nellingen die Anhänger längere Zeit ruhig verhalten und wieder den öffentlichen Gottesdienst besucht, dann aber waren sie plötzlich weggeblieben. Man hegte böse Befürchtungen und bekam nach kurzer Zeit den traurigen Beweis geliefert, daß „die Narrheit Bückles“ aufs neue so schlimm ausgebrochen war, wie in den früheren Jahren. Nellingen erlebte nämlich im März 1854, am Morgen des Landesbußtags, einen ärgerlichen Auftritt der Sektierer. Sie hielten an diesem Feiertag den Nellingern und ihrem Schultheißen ihre große Sünde, daß sie Georg Bückle nicht als Sohn Gottes anerkennen wollten, lautstark auf offener Straße vor.

Daraufhin wurden die beiden Anführer, Bückle und sein Bruder Tobis, verhaftet, ins Ortsgefängnis gelegt, einen Tag später vor dem Kirchenkonvent verhört, danach ins Oberamtsgefängnis nach Blaubeuren gebracht und von dort in die Irrenanstalt Zwiefalten eingewiesen. Bis sich ihre Anhänger im Ort beruhigten, brauchte es noch geraume Zeit, und bis die Glut unter der Asche erlosch, vergingen noch Jahrzehnte! Tobias Bückle wurde 1857 aus der Anstalt Zwiefalten entlassen, sein Bruder Georg starb dort 1885 an Magenkrebs. Ihre Anhängerschaft zog sich aus der Öffentlichkeit zurück und schloß sich in der Stille eng zusammen. In Merklingen gab es mindestens bis zum Jahr 1886 eine Gruppe und in Nellingen bestand sogar noch um die Jahrhundertwende ein kleiner Kreis.

Für diese schwärmerische Sekte der Gebrüder Bückle wurde in der Umgangssprache gerne die Bezeichnung „die Gelben“ gebraucht. Auffallend ist, daß sie in Nellinger Kirchenkonvents-Protokollen und kirchenamtlichen Schreiben nicht so genannt werden. Bisher ist die Herkunft des Namens nicht geklärt. Pfarrer Kirchberger aus Lonsee geht in seiner 1902 verfaßten Darstellung der Ereignisse kurz darauf ein. Seine Vermutung, es könnte sich vielleicht um einen schon vorher gebräuchlichen Hausnamen handeln, dürfte kaum zutreffen.

Die früher üblichen Nellinger Haus- oder Hofnamen, die teilweise noch bis in die Gegenwart Verwendung finden, gehen meist auf den Vor- oder Familiennamen eines früheren Hofbesitzers zurück. Andere bezeichnen die Lage des Anwesens im Dorf: Oberbauer, Unterbauer, Hülenbauer. Aber auch ausgeübte Ämter – Schulze, Anwalt – oder Berufe führten zur Bildung von Hausnamen.

Der hier vorgetragene Erklärungsversuch wählt einen andern Ansatz. Wenn Bückle, „Der gelbe Jörg“ genannt wurde, könnte es sich dabei um einen von den Nellingern gebrauchten Spottnamen gehandelt haben. Die Bezeichnung „Die Gelben“ wäre dann als wertender Gruppennamen zu verstehen, der seine Anhängerschaft gesellschaftlich einstuft und über sie gleichzeitig ein Urteil in religiöser Hinsicht fällt. Daß die Farbe „Gelb“ für die Namensgebung ausgewählt wurde, ist sicher kein Zufall. Äußerlichkeiten waren dafür gewiß nicht maßgebend. Bedenkt man nämlich die inhaltliche Bedeutung dieser Farbe, stößt man auf Überraschendes. Gelb wird in sinnbildlicher Ausdeutung gerne mit Gift, Neid, Falschheit in Verbindung gebracht. Außerdem kennzeichnet Gelb in der Farbensymbolik des westeuropäischen Kulturkreises nicht nur die aus der Gesellschaft Ausgestoßenen und Aussätzigen, sondern ist auch die Farbe der Verräter und der Ketzer . Wie wir vorher erfahren haben, waren die Anhänger Bückles von der Gemeinde abgefallene Sektierer und Irrgläubige. Die Namensgebung wäre also sinnvoll und würde die Gruppe zutreffend charakterisieren. So könnte man mit gutem Grund annehmen, daß sie von einem in der Farbensymbolik kundigen Zeitgenossen stammt, auch wenn bisher sein Name unbekannt geblieben ist.

„Euer Hochwürden"
Briefe an den Herrn Dekan.

Der Schriftverkehr mit dem Dekanatamt bezog sich überwiegend auf Dienstliches. Ab und zu aber wurden den Schreiben auch private Mitteilungen und sehr persönlich gehaltene Dankesbezeigungen angefügt. Davon berichtet dieser Abschnitt.

Hochwürdiger, Hochgelehrter,
Insonders Hochzuverehrender Herr Dekan und Gönner.

Euer Hochwürden habe ich hiemit die Ehre diejenigen Nachrichten gehorsamst zu erteilen, welche die hiesige Geistlichkeit und lateinische Lehrer betreffen, und mir aufzutreiben möglich waren. Und so glaube ich, Euer Hochwürden in den Stand gesezt zu haben, Ihren allerunterthänigsten Bericht an das Königliche Hochpreisliche Ober-Consistorium, – was Biberach betrifft, – abstatten zu können, denn ich kann mich nicht erinnern, einen Umstand übersehen zu haben, welches leicht geschehen ist.
In der angenehmen Hoffnung, daß Euer Hochwürden mit Dero ganzen hochverehrtesten Hause Sich wohl befinden, habe ich noch die Ehre, mein und der Meinigen, auch meiner Hochzuverehrenden Herrn Kollegen gehorsamste Empfehlungen beizusezen, und mit den Versicherungen der vollkommensten Hochachtung mich zu nennen

Biberach, den
8ten Sept. 1809

Euer Hochwürden
gehorsamster Diener
M. Volz, Pfarrer.

Es mag heute manchen Leser überraschen, wenn er im amtlichen Schriftwechsel des beginnden 19. Jahrhunderts einen Brief des Pfarramts von Biberach an das Blaubeurer Dekanatamt vorfindet. Biberach gehörte nämlich damals, wie das seit 1806 württembergische Isny im Allgäu, durch das Königliche Dekret vom Iuni 1807, „die Diözesan-Einteilung sämmtlicher evangelisch-lutherischer Pfarreien im Königreich Württemberg betreffend", zum Dekanat Blaubeuren. Sitz des zuständigen General-Superintendenten war Denkendorf. Als 1810 im Vertrag von Compiègne die Grenzen der süddeutschen Staaten endgültig bestimmt wurden, brachte diese Neuordnung dem Königreich Württemberg eine ansehnliche Gebietsvergrößerung. Der damit verbundene „bedeutende Zuwachs an neuen evangelischen Orten" machte dann die Errichtung der General-Superintendenz Ulm erforderlich. Gleichzeitig wurden durch eine Königliche Verordnung vom 3. November 1810 sechs weitere evangelische Dekanate errichtet; zu diesen gehörte auch Biberach.

Nach diesem kurzen Abstecher ins Oberland steht nun wieder die Blaubeurer Alb im Vordergrund. Ihre Dörfer boten am Anfang des vorigen Jahrhunderts kaum Möglichkeiten, Bedürfnisse, die über den alltäglichen Lebensbedarf hinausgingen, ausreichend zu befriedigen. Märkte, seit alters an die Marktgerechtigkeit mit festgelegten Jahrestagen gebunden, fanden nur in wenigen Orten statt. So blieb allein der Besuch der großen Jahrmärkte mit ihrer reichen Auswahl in der für jene Zeit weit entfernten Stadt. Das geht aus dem nächsten Brief sehr deutlich hervor:

> Hochlöbliches Dekanatamt!
>
> Oekonomische Verhältnisse und Bedürfnisse machen es mir fast unumgänglich nöthig, die Jahrmärkte, die in der Stadt Ulm gehalten werden, zu besuchen. Da nun in der nächsten Woche ein solcher abgehalten werden wird, so habe ich mich an Ein Hochlöbliches Decanat wenden und ganz gehorsamst bitten wollen, mir die gütigste Erlaubniß zu ertheilen, daß ich die Reise dahin unternehmen, und mich einige Tage daselbst aufhalten dürfte. Weil ich gar selten nach Ulm komme, so könnte mein Aufenthalt von Montag bis Donnerstag dauern.
> Sollten während meiner Abwesenheit Amtsgeschäfte vorfallen, so würde der Pfarrer von Luizhausen dieselben für mich versehen.
> Ich habe die Ehre, mit der allerhöchsten Hochachtung zu seyn
>
> > Eines Hochlöblichen Decanats
> > ganz gehorsamster
> > K.L. Heldbek Pfr.

Als der Dekan im Jahr 1811 für die „Allerhöchst anbefohlenen vierteljährlichen Schulmeister-Konferenzen" einen Leiter unter den Pfarrern auswählen mußte, dachte er an Pfarrer Heldbek aus Scharenstetten. Er gehörte zu den älteren und erfahrenen Kollegen, die für eine solche Aufgabe in Frage kamen. Doch der lehnte ab. So ehrenvoll der Auftrag war und so sehr er „das Zutrauen" zu schätzen wußte, so dringend bat er, der Herr Dekan möge „die Wahl auf ein würdigeres Subiect lenken, das dieses Geschäft der Allerhöchsten Absicht gemäßer und entsprechender zu führen im Stande ist". Er beteuerte, daß er die dazu unentbehrlichen pädagogischen Kenntnisse nicht besitze und empfahl seinen Bermaringer Kollegen als Konferenzleiter. Auch sei die geographische Lage Scharenstettens für die Teilnahme der Schulmeister von Mähringen und Lehr sehr ungünstig, weil sie dann drei Stunden unterwegs sein müßten. Er hoffte, daß „Ein Hochlöbliches Decanat" unter diesen Umständen seine Bitte „weder einer Gemächlichkeit" von seiner Seite, noch „andern unedlen Absichten" zuschreiben werde.

Die Investitur eines neuen Pfarrers war für eine Gemeinde ein besonders festliches Ereignis. Im Hungerjahr 1816 erlebte Bermaringen die Amtseinsetzung von Pfarrer Abt, der wenige Tage vor diesem Fest an seinen Vorgesetzten folgenden Brief schrieb:

> Hochwürdiger, Hochgelehrtester Herr!
> Verehrungswürdigster Herr Decan!
>
> Euer Hochwürden hochschäzbares Schreiben habe ich lezten Mondtag richtig erhalten und daraus ersehen, daß Hochdieselben am nächsten Sonntag Exaudi das Investitur-Geschäft allhier vorzunehmen willens seyen.
> Gotte gebe Euer Hochwürden zu diesem wichtigen Vorhaben eine gute Gesundheit, eine angenehme Witterung und eine glükliche Reise und lasse auch alles andere nach Wunsche gelingen.
> Nun habe ich auch noch eine unterthänigste Bitte, womit sich auch meine liebe Gattin vereinigt, die nähmlich, daß nach vollendeten Geschäften Euer Hochwürden mit Dero hochgeschäzten und geliebten Fräulein Töchtern uns die Ehre geben möchten, ein Mittags-Süppchen bei uns an- und einzunehmen.
> Ich habe die Ehre, unter meiner ganz gehorsamsten Empfehlung auch an die hochschäzbare Familie ehrfurchtsvoll zu verharren
>
> Euer Hochwürden
> meines verehrungswürdigsten Herrn Decans
> Bermaringen   unterthänigst gehorsamster
> am 16ten May 1816   Tobias Abt, Pfr.

Pfarrer Abts Amtszeit in Bermaringen war nur von kurzer Dauer, er starb schon im Dezember 1819.

Bereits im folgenden Jahr zog in der Gemeinde ein neuer Pfarrer auf. Zum Jahreswechsel bedankte er sich mit wohlgesetzten Worten für die Neujahrswünsche des Dekans und für die wohlwollende Hilfe in seinem ersten Bermaringer Amtsjahr und fügte zur Bekräftigung noch kleine Dankesgaben bei.

Euer Hochwürden

sind mir gestern mit Dero gütigen Wünschen für mein und der Meinigen Wohlergehen in dem neu angetretenen Jahre zuvorgekommen. Erlauben Sie, daß ich Denselben gleichfalls meinen innigen und aufrichtigen Dank für die viele mir im verflossenen Jahre gegebenen Beweise Ihrer Gewogenheit bezeuge, und mich und die Meinigen in die gütige Fortsezung derselben neuerdings gehorsamst empfehle. Gott erhalte Sie und die Hochzuverehrende Ihrigen im besten Wohlseyn, und lasse Sie recht viele Freude in dem lieben Kreise derselben erleben, und mich noch lange ein Zeuge derselben seyn.

Ich bin, unter unser allerseits gehorsamsten Empfehlung mit ungeheuchelter, durch keinen Zeitabschnitt zu verändernder Hochachtung

	Euer Hochwürden
Bermaringen	gehorsamster Diener
d. 3. Jan. 1821	Pfarrer M. Rößlin.

Angeschlossenes kleines Zeichen meiner Dankbarkeit und Hochachtung bitte ich gütigst anzunehmen.

Auch läßt meine Frau Ihre Frau Gemahlin bitten, mitkommenden kleinen Versuch ihres Zehendflachses nicht zu verschmähen.

Die so von Haus zu Haus geknüpfte Verbindung hatte, wie sich zeigte, auch in den folgenden Jahren Bestand.
Mit dem Neujahrsbrief vom 5. Januar 1826 „überschickte" die Pfarrfrau der Frau Dekan wieder „einen kleinen Versuch von ihrem Flachse und selbstgeläuterten Honig" und bat dieselbe, „damit gütigst vorlieb zu nehmen."
Auf das rege gesellschaftliche Leben, das sich im Biedermeier, der Epoche des Zirkels und des Salons, in den Städten entfaltete, mußten die Landpfarrer weitgehend verzichten. In ihren abgelegenen Dörfern auf der Albhochfläche war es nicht üblich, den sogenannten kleinen Salon zu führen, jenen in den Bürgerhäusern der Städte regelmäßig in der guten Stube abgehaltenen Zirkel der Gleichgesinnten. Dort konnte man bei Kaffee und einem Gläschen Likör über die letzte Theateraufführung oder über die neueste Mode plaudern, konnte begeistert vom gerade erschienenen Roman schwärmen, den man unbedingt gelesen haben mußte, oder auch über Alltägliches klatschen.
Für Landpfarrer dagegen waren die in jedem zweiten Jahr anstehenden Visitationen die einzigen Ereignisse, welche aus ihrem oft eintönigen Dorfalltag herausragten. Doch Dekansbesuche anläßlich der Kirchen- und Schulvisitation dienten in erster Linie dazu, über die eigene Arbeit Rechenschaft abzulegen und Einblick in die Gemeindeverhältnisse zu gewähren. Gleichzeitig aber waren sie, wie mehrere Briefe zeigen, für die Pfarrfamilien meist sehr willkommene und anregende Abwechslungen, die man auf dem Dorf besonders schätzte. Der Scharenstetter Pfarrer schrieb aus diesem Anlaß:

Euer Hochwürden Hochverehrliches Schreiben, die auf künftigen Donnerstag vorzunehmende Kirchen- und Schulvisitation betreffend, habe ich lezten Sonnabend richtig erhalten. Ich habe deswegen auch sogleich alle Vorkehrungen getroffen, die in dieser Hinsicht erforderlich sind, und Euer Hochwürden werden alles Dero beliebten Anordnungen gemäß antreffen.

Mit Freuden erwarte ich Morgen Dero Ankunft, und wünsche recht angenehme Witterung, und das Vergnügen, Dieselben im erwünschtesten Wohlseyn bey uns verehren zu können.

Würden Dero Hochverehrteste Gemahlin uns bey dieser Gelegenheit die Ehre des Besuchs schenken wollen, so würde dadurch unser Vergnügen noch mehr erhöht werden.

Unter meiner und der Meinigen ganz gehorsamsten Empfehlung, auch an Dero Hochverehrteste Frau Gemahlin, habe ich die Ehre mit der unbegrenztesten Hochachtung zu seyn

	Euer Hochwürden
	meines Hochzuvenerirenden Herrn Decans
Scharenstetten	ganz gehorsamster
den 3. Juli 1820	Karl Ludwig Heldbek, Pfr.

Der Verzicht auf eine regelmäßige Teilnahme am gesellschaftlichen Leben ihrer Zeit war sicher für viele Landpfarrer die Regel und ließ sich verschmerzen. Die Abgeschiedenheit der Dörfer aber brachte für sie und ihre Familien noch andere Schwierigkeiten mit sich, die weitaus einschneidender waren. Söhne, für die ein Theologiestudium in Frage kam, mußten das Elternhaus schon nach der Konfirmation verlassen und den Unterricht in einem der niederen Königlichen Seminare besuchen. Doch nicht alle Bewerber fanden Aufnahme. War die gehegte Hoffnung fehlgeschlagen, blieb zur Vorbereitung nur der Weg über ein Gymnasium, der mit erheblichen Kosten und Umständen verbunden sein konnte. Trotzdem sah sich der Scharenstetter Pfarrer bewogen, seinen Sohn das „Königliche Gymnasium in Stuttagrt besuchen, seine in Ulm glücklich angefangenen Studien fortsetzen, und für die Akademie tüchtig vorbereiten zu lassen".

Nach Beginn des Studiums in Tübingen richtete der Pfarrer ein Gesuch an das Königliche Oberkonsistorium und bat um die Aufnahme seines Sohnes an den Königlichen Freitisch. Durch die Fürsprache des Dekans fand die vorgetragene Bitte Gehör. Nach bestandenem Examen wurde der Sohn in den Kirchendienst aufgenommen und durfte den Vater im Amte entlasten.

Den Albbewohnern machte zu jener Zeit nicht nur die Abgeschiedenheit ihrer Dörfer und das rauhe Klima ihr Leben schwer. Vor mehr als 170 Jahren trugen dazu auch die fehlenden Verkehrsverbindungen und der recht mangelhafte Zustand der wenigen Straßen und Wege bei. Besonders in den Herbstmonaten konnte beim frühen Anbruch der Dunkelheit und den schlechten Fahrwegen Entfernungen zwischen den Orten innerhalb eines

Dekanats, die man heute kaum noch beachtet, zum Hindernis werden. Das geht aus dem folgenden Entschuldigungsbrief sehr deutlich hervor:

> „Es würde mir und meiner Frau zum größten Vergnügen gereichen, wenn wir von der an uns ergangenen höchst schäzbaren Einladung zu dem auf künftigen Montag veranstalteten Freudenmale Gebrauch machen könnten.
>
> Allein, wir müßen einmal auf dieses Vergnügen Verzicht thun. Die noch sehr vielen Zehendgeschäfte, die gegenwärtige ungünstige Witterung, die kurze Zeit, die uns zum Genuß der Hochverehrlichen Gesellschaft gegönnt wäre, indem wir vor 10 Uhr Vormittags nicht von Haus abgehen könnten, der früh einbrechende Abend, der uns zu einem baldigen Aufbruch nöthigte, die Schwierigkeit, Pferde zu bekommen – dieß alles hindert uns, diesem frohen Male beizuwohnen."

Auch der letzte Scharenstetter Brief erhält durch sehr persönliche Zeilen einen besonderen Reiz.

Nach der kurzen Beantwortung einer amtlichen Anfrage des Dekans und der Vorlage einer Bittschrift, die zum Jahresanfang einzureichen war, entbietet der Schreiber seine Neujahrswünsche mit überschwenglichen Worten und verbindet sie mit innigem Dank:

> Einem Hochwürdigen Dekanatamt
>
> habe ich den ganz gehorsamsten Bericht zu erstatten, daß in den Gemeinden Scharenstetten und Radelstetten weder Taubstumme noch Blinde von 6 bis 15 Jahren sich befinden.
>
> Bey dieser Gelegenheit nehme ich mir die Freiheit, Euer Hochwürden die Supplik an Ein Königlich Hochpreisliches Ober-Konsistorium beizulegen, mit der ganz gehorsamsten Bitte, solche mit einem Beibericht Hochgeneigtest zu begleiten.
>
> In der freudigsten Hoffnung, daß Euer Hochwürden nebst Hochverehrtester Frau Gemahlin und hoffnungsvollen Familie das verfloßene Jahr in dem erwünschtesten Wohlseyn werden beschloßen haben, und mit dem feurigsten Wunsche, daß das neuangetrettene Jahr ein Jahr des schönsten Glüks und des reichsten göttlichen Segens für Hochdero gesamtes hochgeschäztes Hauß seyn möge, füge ich noch meinen ganz gerührtesten Dank bey für das mir und den Meinigen bisher geschenkte unschäzbare Wohlwollen, und bitte um deßen Fortdauer auf das angelegentlichst.
>
> Unter meiner ganz gehorsamsten Empfehlung, und Versicherung der unbegrenztesten Hochachtung habe ich die Ehre zu seyn
>
> Euer Hochwürden
meines Hochzuvenerirenden Herrn Dekans
ganz gehorsamster
>
> Scharenstetten   ganz gehorsamster
den 4. Januar 1825   K. L. Heldbek. Pfr.

Nun noch zwei liebenswürdige Nellinger Briefe:

Nachdem der Dekan den Visitationstermin mitgeteilt hatte, erhielt er im Bestätigungsschreiben des Ortspfarrers eine sehr höfliche Einladung. Im Mai 1835 antwortete Pfarrer Miller:

Euer Hochwürden

erlaube ich mir die Zurücksendung des beifolgenden Disputations-Ausschreibens mit ein paar Zeilen zu begleiten und zu berichten, daß in Beziehung der den 14. und 15. dieses Monats zu haltenden Visitation dahier das Geeignete durch kirchliche Verkündigung besorgt worden sei, daß wir uns aber der angenehmen Hoffnung schmeicheln, Euer Hochwürden werde uns Ihre uns beglückende Gewogenheit auch dießmal darin erfahren lassen, daß Sie es nicht verschmähen werden, bei uns zu logiren und an unserem schmalen Tischchen Theil nehmen wollen.

Mit der innigen Bitte, diese unsere Hoffnung nicht zu Schanden werden zu lassen und unseren herzlichen Empfehlungen habe ich die Ehre zu verharren in aller Hochachtung

	Euer Hochwürden
Nellingen	ergebenster
11. Mai 1835	Pfr. Miller.

Ziemlich genau vier Jahre später schrieb der Nachfolger auf der Pfarrstelle:

Euer Hochwürden

zeige ich sogleich den Empfang des Ausschreibens die Visitation betreffend in Nellingen an, und bin bereit nach meinen Kräften an den bezeichneten Tagen Rede zu stehen, indem ich mich Ihrer Nachsicht zum Voraus empfehle.

Da ich am Freitag aber außer dem Bußtag, welchen ich allerdings verlegen würde, auch Vorbereitungspredigt und Beichte hier halten muß, so werden Sie schon die Güte haben, und mir diese amtliche Funktion statt der bestimmten Kinderlehre überlassen.

Meine Frau und ich ersuchen noch schlieslich, daß Sie doch gewiß bei uns das Absteigequartier nehmen werden, welches uns eine wünschenswerthe Gelegenheit gibt, Ihnen persönlich und thätlich zu beweisen, wie sehr ich Ihre Gewogenheit schäze, natürlich müssen Sie mit Alp-Produkten in Küche und Keller gütigst vorliebnehmen.

Wenn Frau Gemahlin uns gleichfalls die Ehre schenken würden, wäre unseren Wünschen die Krone aufgesezt.

Um Gewährung meiner Bitte und vielfacher Empfehlung

	Ihr
Nellingen, 1. Mai 1839	ergebenster Diener
	Pfarrer Flaischlen.

Freundschaftliche Briefe.

Nur ganz vereinzelt finden sich unter den amtlichen Dokumenten auch freundschaftliche Briefe. Sie bilden jedoch die Ausnahme. Alle, auf die man aufmerksam wird, stammen aus einer Zeit, die Geselligkeit und Freundschaften hoch schätzte, aus einer Zeit, in der man gerne seine Freunde um sich sammelte und durch liebenswürdige „und liebenswerte" Briefe enge Verbindung hielt. Solch rare Fundstücke kann man natürlich nicht übergehen.

Hochwürdiger Herr Decan,
Verehrtester Freund!

Es wird uns heuer nicht so gut, wie im vorigen Jahr, wo wir gleich am 2ten Jenner zusammenkommen konnten und uns fürs neue Jahr begrüßen durften.
Deswegen sehe ich mich veranlaßt, Dir schriftlich, theils meine herzliche Danksagung abzustatten für die vielen Beweise von Gewogenheit und freundschaftlicher Theilnahme, welche Du mir und den Meinigen im verflossenen Jahre gegeben hast, theils Dir für das neubegonnene Jahr meine innigsten Glückwünsche darzubringen. Gott erhalte in demselben mit allen den lieben Deinigen Dich gesund, stärke Dich für die vielen und beschwerlichen Geschäfte Deines Amtes und entferne alles von Deinem verehrtesten Hause, was Kummer verursachen könnte.
In die Fortdauer Deiner Gewogenheit und Freundschaft empfehle ich mich und die Meinigen angelegentlichst und verharre mit den Gesinnungen der aufrichtigsten Verehrung und Freundschaft
Bermaringen,   Dein gehorsamst ergebenster
den 2ten Jenner 1834   Hörner

Ein ganz besonders herzlicher Neujahrs- und Glückwunschbrief folgte dann zwei Jahre später:

Indem ich Dir mein „Prosit Neujahr" in seiner vollsten Bedeutung schreibe, muß ich Dir und Deiner verehrtesten Frau Gemahlin meine freundschaftliche Theilnahme an dem elterlichen Glück bezeugen, das Euch der Anfang dieses Jahres durch die eheliche Verbindung der geliebten Tochter bringt.
Möge Euch theuren Eltern das Glück zu theil werden, bis zur höchsten Stufe des menschlichen Alters der Kinder und Kindeskinder Euch zu erfreuen.
Dich, verehrtester Freund! bitte ich, unter Bezeugung meiner und der Meinigen herzlichen Glückwünsche der lieben Fräulein Braut die anliegende Kleinigkeit zu überreichen, welche sie vielleicht in ein kleines Andenken an uns verwandeln dürfte.

Dir, Deiner verehrtesten Frau Gemahlin, so wie dem theuren Braut-
paar mich mit den Meinigen herzlich empfehlend, verharre ich mit
ehrerbietiger Freundschaft

Bermaringen,   Dein gehorsamst ergebener
den 7ten Jan. 1836   Hörner.

Schließlich noch der sehr persönliche Schlußabschnitt eines Briefes, der ein-
gangs dienstlichen Mitteilungen gewidmet war.

Hochwürdigem Stadtpfarramt Blaubeuren.

Das obige dem Amte, dem Freunde aber aus vollem Herzen
Erwiederung des freundschaftlichen Andenkens und der guten
Wünsche, samt der Nachricht von unserem allerseitigen Wohl-
befinden.
Unsere Kinder grünen und blühen wie Ölzweige um uns her, ver-
steht sich ohn all unser Verdienst und Würdigkeit und solange der
Herr will.
Gleich gute Nachricht von Dir, mein Verehrtester, und Deiner wer-
then Familie zu haben, freut uns herzlich und wir empfehlen uns
mit den Unsrigen zu fernerem Wohlwollen aufs Angelegenste.

Mit unwandelbarer Hochachtung und Freundschaft.
    der Deinige. K.

Kirche und Schule. – Ein Rückblick.

Was bisher berichtet wurde, berücksichtigte den Schriftwechsel zwischen Dekan, Pfarrer und Konsistorium. Wollte man es dabei bewenden lassen, wäre ein Bild entstanden, das zwar die verschiedensten Probleme der Pfarrer schilderte, aber das Ergehen der Schulmeister und Provisoren außer acht ließe. Sie unterstanden damals der geistlichen Schulaufsicht, die vielen von ihnen lästig war und zunehmend ihren Unwillen erregte.

Da hier die geschichtliche Entwicklung des Schulwesens berücksichtigt werden sollte, aber eine auch nur annähernd lückenlose Darstellung der Schulgeschichte zu weit führen würde, begnügt sich dieser Abschnitt mit einem knappen Rückblick:

Im Frühmittelalter war fast ausschließlich die Kirche der Schulträger. Ihre Kloster- und Domschulen widmeten sich vornehmlich der Heranbildung des Nachwuchses für die Mönchsorden und für die Weltgeistlichen. Daneben fanden in den Außenschulen aber auch Kinder Aufnahme, die für ein Leben im weltlichen Stand bestimmt waren.

Im späteren Mittelalter entstanden an zahlreichen Orten kleinere Pfarrschulen. Neben diesen niederen kirchlichen Lateinschulen kam es am gleichen Ort nicht selten auch noch zur Errichtung lateinischer Stadtschulen. Diese erfüllten weitgehend das bürgerliche Bildungsbedürfnis. Dabei nahmen sie ihre Schüler nicht über Gebühr für den Kirchendienst in Anspruch. Das Interesse der Kaufleute und Handwerker galt den für ihre Zwecke nützlichen deutschen Schreib- und Rechenschulen, die der Rat ihrer Stadt errichtete, die aber oft auch ohne seine Erlaubnis als sogenannte Winkelschulen existierten. Da keine Schulpflicht bestand, besuchte nur ein kleiner Teil der Jugend die errichteten Schulen.

Was die Bildungsmöglichkeiten anbetraf, hatten die Stadtkinder gegenüber ihren Altersgenossen auf dem Land ohne Zweifel erhebliche Vorteile. In Ulm bestand eine Lateinschule, die zu den ältesten lateinischen Schulen im Lande gehörte. Die Verbindung zur Stadtkirche, wie sie des öfteren auch an andern Orten bei Stadtschulen vorkam, verband ihre Geschichte eng mit dieser Kirche. Außer Ulmer Bürgersöhnen besuchten aber auch fremde Schüler den Unterricht. Dies waren die sogenannten Vaganten und Bacchanten, junge Leute, die aus Interesse für die Wissenschaft von Schule zu Schule zogen und dabei die Freigebigkeit von Städten und Kirchen in Anspruch nahmen. Bereits seit dem 13. Jahrhundert waren sie zur wahren Landplage geworden.

Vielen lag mehr an einer abwechslungsreichen Wanderschaft als am Studium, darum fanden sie sich überall ein, wo außer Freude und Vergnügen noch Unterhalt winkte. Gegen Ende des 15. Jahrhunderts war die Zahl der Bacchanten in Ulm so stark angestiegen, daß sie der Kirche und der Bürgerschaft schwer zur Last fielen.

Nicht nur in den Städten, auch in manchen Dörfern konnten Kinder Schulunterricht besuchen; doch das waren eher Ausnahmen. Bedenkt man dabei, daß in Stuttgart um 1492 nicht einmal alle Richter lesen konnten, und Jahrzehnte später, bei Einführung der Reformation, noch ganze Dörfer anzutreffen waren, in denen kein Einwohner des Lesens und Schreibens kundig war, steht dies außer Zweifel. Sollte es damals tatsächlich in einem Dorf auf der Albhochfläche Schulunterricht gegeben haben? Nach einer überlieferten Äußerung des berühmten Johann Albrecht Widmannstadt bestanden in seinem Heimatdorf Nellingen auf der Alb schon kurz nach 1500 „drei Schulen, die mit tüchtigen Lehrern besetzt waren". Vielleicht könnte es sich bei den Lehrern neben dem Ortspfarrer Gregor Bauler noch um zwei Bacchanten gehandelt haben, die dieser als Lokaten zur Unterrichtung von zwei Schülerabteilungen einsetzte. Die Verantwortung für diese „drei Schulen" aber lag bei Gregor Bauler. Er gab im Jahr 1515, auf Verlangen des Ehrbaren Rats der Stadt Ulm, die Pfarrei Nellingen auf und trat in den Spitalorden ein. Nachdem er zunächst als Pfarrer an der Kirche „Zum Heiligen Geist" gewirkt hatte, wurde er um das Jahr 1521 dann der Leiter des Spitals. Die Ulmer Klöster, zu denen man auch die Augustiner des Spitals rechnen darf, unterrichteten in ihren Schulen in der Regel die für ihr Kloster bestimmten und dort erzogenen Kinder und Novizen. Es ist zu vermuten, daß Pfarrer Bauler den Ulmern bereits in seiner Nellinger Zeit als tüchtiger Pädagoge bekannt war und deshalb zum Eintritt in den Spitalorden aufgefordert wurde.

Es spricht manches mit einiger Wahrscheinlichkeit dafür, daß er bei seinem Wechsel nach Ulm dafür sorgte, daß zwei begabte Nellinger Kinder, die ihm als Lehrer aufgefallen waren, in seine Klosterschule aufgenommen und dort unterrichtet wurden. Die beiden Knaben, um die es sich dabei handelte, wurden im Laufe ihres Lebens Wege geführt, die sie in gegensätzliche Lager brachten. Bei beiden aber hat ihr Lebensgang deutliche Spuren hinterlassen. Darum lohnt es sich, kurz innezuhalten.:

Der eine, Johann Albrecht Widmannstadt, von dem schon die Rede war, wurde im Laufe seines bewegten Lebens niederösterreichischer Kanzler und Sprachgelehrter. In rastlosem Fleiß widmete er sich mit Vorliebe den orientalischen Sprachen, erstellte ein syrisch-arabisches Wörterbuch und fertigte eine lateinische Übersetzung des Koran an. Von seinen Arbeiten ging damals der Anstoß aus, das Syrische zu erlernen und zur Erklärung der Bibel zu benutzen. Ihm ist auch die erste Ausgabe des Neuen Testaments in syrischer Sprache zu verdanken. Bis 1858 war nur eine alte Übersetzung ins Syrische bekannt. Diese war im Jahr 1555 in Wien herausgegeben worden. Man bezeichnete sie als „Königin der Übersetzungen" und sie stammte von Johann Albrecht Widmannstadt, gebürtig aus Nellingen auf der Alb!
Der annähernd gleichaltrige Martin Rauber, um den es sich als weiteren Klosterschüler gehandelt haben dürfte, war nach seinem Theologiestudium Kaplan in Eßlingen geworden. Dort muß es zu einem tiefgreifenden Erlebnis gekommen sein, denn 1529 wurde er in der kleinen ehemaligen Reichsstadt

Giengen an der Brenz als evangelischer Prediger angestellt. Nach der Reformation in Ulm führte ihn im Jahr 1531 sein Weg für drei Jahre als evangelischen Prediger ins ulmische Dorf Nellingen. So wurde er zum Reformator seiner Heimat!

Nach weiteren Stationen bekam er im Jahr 1552 eine Predigerstelle in Esslingen. Und dort, wo er vor über drei Jahrzehnten als katholischer Kaplan seine Tätigkeit begonnen hatte, vollendete sich sein Leben: Am 1. September 1561 starb er als Senior der evangelischen Pfarrer von Esslingen.

Und Gregor Bauler? Ihr ehemaliger Lehrer und Förderer erlebte im Alter noch die Ulmer Reformation und wurde damals mit der gesamten Geistlichkeit des Herrschaftsgebiets zum Examen vorgeladen. Dabei hatte sich jeder persönlich zu den Inhalten der neuen Lehre zu äußern. Am 5. Iuni 1531 waren die Ulmer Pfarrer geladen und mit ihnen auch Gregor Bauler. Als er an der Reihe war, sagte er vor den Verordneten, „er wolle bleiben bei der christlichen Kirche und bei dem Abschied Kaiserlicher Majestät, dabei wolle er sich finden lassen bis in seinen Tod und bitte, das wolle er verdienen". Damit lehnte er den evangelischen Glauben ab, berief sich aber gleichzeitig auf seinen bisher dem Ehrbaren Rat gegenüber geleisteten Gehorsam, denn er hatte vor Jahren auf die Pfarrei Nellingen verzichtet und war in den Spitalorden eingetreten. Doch nun wieder zurück.

Die Reformation stellte das Schulwesen auf neue Grundlagen. In den ersten Jahren der Reformationszeit war das Interesse an den Schulen geschwunden. Viele Eltern schickten jetzt ihre Söhne nicht mehr in die Lateinschulen; es gab ja zu ihrer späteren Versorgung keine Pfrüden mehr! Dieser Rückgang in den Anfangsjahren kam bald zum Stillstand. Im 16. Jahrhundert erfuhr das Schulwesen durch die zahlreichen Kirchenordnungen, die ihm besondere Abschnitte widmeten, seine größte Förderung. Schon 1527 nannte Johannes Brenz in seinem Entwurf zur Haller Kirchenordnung die Jugend „den höchsten Schatz einer Bürgerschaft. Er sah die Obrigkeit dazu verpflichtet, ihre Erziehung mit Fleiß gewissenhaft zu betreiben", damit sie „ehrbarlich und ordentlich in den Künsten erzogen werde".

Der älteste württembergische Schulerlaß geht auf das Jahr 1545 zurück. Er kannte bereits Schulaufsicht und Visitationen und führte zur Begründung an, „damit die Schule eine Autorität und die Knaben eine Furcht haben möchten."

Die Große Kirchenordnung von 1559 enthielt auch einen wohldurchdachten Plan zum Aufbau des gesamten Bildungswesens im Herzogtum Württemberg, der von der Volksschule bis zur Universität reichte. Zum ersten Mal strebte man eine allgemeine Volksschule an. In allen Orten sollte nämlich eine eigene oder mit der Mesnerei verbundene deutsche Schule eingerichtet werden. Alle Lehrer hatten sich einer Überprüfung ihrer Fähigkeiten durch den Kirchenrat zu unterziehen und für ihren Unterricht die erlassenen sachgemäßen methodischen Vorschriften zu beachten. Vor allem aber sollten die

Schulmeister „wissen und dafür halten, daß ihnen die Kinder, nicht wie dem Hirten das unvernünftige Vieh, sondern als himmlische Kleinode anvertraut und befohlen seien". Freilich gingen fast vier Jahrzehnte ins Land, bis auch in den kleinen Filialorten eigene Schulen bestanden. Der Unterricht war einfach, er umfaßte Lesen, Schreiben, Katechismuslehre und Psalmensingen. Oft waren nicht nur Mesner, sondern wie früher auch Handwerker oder Kuhhirten als Lehrer tätig; Feldschützen oder Büttel aber sollten sie nicht mehr sein. Im Jahr 1538 hieß es über den Kuhhirten in Nellingen, er verstehe es „wunderlich gut, die Knaben zu unterrichten".

Wie hielt man es nun mit der Schulaufsicht?

Im frühen Mittelalter lag das Aufsichtsrecht bei der Kirche. Da aber außer ihren eigenen Bildungseinrichtungen im Grunde keine andern Schulen bestanden, wurde es auch so gut wie nicht ausgeübt.
Im schon erwähnten ältesten württembergischen Schulerlaß von 1554 war vorgesehen, daß Prädikanten und Pfarrer die Aufsicht über die Schulmeister ausübten und den Unterricht je nach Bedarf mehrmals im Jahr zusammen mit dem Amtmann und dem Bürgermeister visitierten.
Eine kommende Verstaatlichung der Schulen deutete sich bereits in den von den Landesherrn nach der Reformation herausgegebenen Kirchenordnungen an. Sie bahnten auch den Weg dazu, der Staatsgewalt die Schulaufsicht zu überlassen. Schließlich war es nach der staatlichen Verordnung einer Schulpflicht selbstverständlich, daß der Staat über Schulen, die er gründete, zur Schulaufsicht berechtigt und verpflichtet war.

Für diese Aufgaben wurden die Geistlichen beider Konfessionen in Anspruch genommen. Nach gültiger Rechtsauffassung standen sie als Staatsdiener dafür zur Verfügung. Während das Konsistorium als Oberaufsichtsbehörde wirkte, kam den Dekanen die Visitationsaufgabe und den Pfarrern die Ortsschulaufsicht zu.

Wie verfuhr nun das verantwortliche kirchenleitende Gremium von Ulm in seinem reichsstädtischen Gebiet?

In einem Zirkularschreiben des Pfarrkirchenbaupflegeamts Ulm vom Dezember 1791 wurde nicht nur auf die Aufsichtspflicht der Pfarrer über den Schulunterricht und seine Bedeutung hingewiesen, sondern auch ihre Verantwortung gegenüber den Eltern eindringlich herausgestellt. Das Schreiben an die Pfarrer begann in der damals üblichen Weise:

> „Unsern freundlichen Gruß zuvor!
> Insonders liebe Herren!"

Dann aber kam es sehr schnell und deutlich zur Sache und rügte zunächst üble Predigtgewohnheiten. Anschließend wurde zum Schulwesen Stellung bezogen und Weisung erteilt. In manchen Orten waren nämlich in der Schule, für die der Pfarrer die Verantwortung trug, Verstöße gegen die Kirchenordnung begangen worden. Wohl war angeordnet, daß zwischen Ostern und Pfingsten die Schulstunden für die größeren Kinder von 6 bis 8 Uhr und für die kleineren von 8 bis gegen 10 Uhr zu halten waren. Trotzdem kam es im Heuet nicht selten zu anhaltenden Schulversäumnissen. Als Ersatz sollten diejenigen Buben, die um des Mähens willen die Schule ganz versäumten, angehalten werden, „des Sonntags vor- oder nachmittags, wenigstens nur 1 Stunde zur Schule zu kommen, um mit ihnen eine Übung im Lesen und Schreiben anstellen zu können". Man war dabei freilich auf weitere Schwierigkeiten gefaßt, aber auch überzeugt, daß sich Wege finden lassen, „wie das offenbar vernachläßigte Schulhalten verbessert werden kann, da Wir nicht zugeben können, daß auf diese willkürliche und träge Weise fortgefahren werde". Den Pfarrern wurde daher anbefohlen, „die Schulpredigten – zu Schulbeginn – alljährlich auf Michaelis (29. September) zu halten und dann die Schulmeister anzuweisen, daß sie die Schulen öffnen und mit dem Unterricht fleißig fortfahren sollen". In den Schulpredigten waren die Gemeinden „liebreich, aber auch mit nachdrücklichen Vorstellungen, wie vieles an gutem Unterricht der Menschen gelegen sey, zu vermahnen, daß sie der Obrigkeitlichen Absicht gemäß ihre Kinder fleißig zur Schule schicken sollen".

Leider aber wußte man aus Erfahrung von Nachlässigkeit, und so erging an die Pfarrer die Weisung, „sie am Ende zu bedrohen, daß, wenn sie, wie seit mehreren Jahren geschehen, fortfahren werden, ihren Kindern den nötigen Unterricht zu entziehen, sie bey den löblichen Civil-Ämtern angeklagt und mit Zwangsmitteln zu Erfüllung ihrer Schuldigkeit angehalten werden müssen". Die Schulmeister aber mußten fehlende Kinder tagtäglich notieren und wöchentlich den Pfarrern melden. Sie wiederum hatten deren Eltern sogleich zu berufen, „ihnen zuerst liebreiche Erinnerung zu machen und wenn diese nicht fruchten will, die Klagen an die Löblichen Civil-Ämter zu bringen, allwo Euch und den Schulmeistern alle Assistens widerfahren wird". Vorsorge dafür hatte das Gremium bei diesen bereits getroffen.

Mit der Anordnung allein begnügte man sich jedoch nicht. „Damit Wir aber auch überzeugt werden, wie durch jeden von Euch diese Unsere Verfügung befolgt wird, so sind die Schulversäumnisse aller Kinder die Schulzeit über den jährlichen Schulberichten beizulegen und mit diesen an Uns zu senden." Dabei mußte sogar in jedem Fall „der Tag der geschehenen Versäumnis" bemerkt werden.

Mit solcher Strenge zu walten, kam, wie die Fortsetzung zeigt, nicht von ungefähr: „Endlich sind Wir bei mehreren Gelegenheiten überzeugt worden, daß viele der Herren Geistlichen großen Antheil haben, warum die Schulen so nachläßig gehalten und besucht werden." Man hatte nämlich festgestellt, daß einige, der Kirchenordnung zuwider, ihre Schulpredigten erst auf Galli (16. Oktober), andere gar auf Martini (11. November), „mithin nur nach ihrem Gefallen, oder wie sie vorgeben, nach der schädlich eingeschlichenen Sitte halten". Noch schlimmer aber war, daß sich andere um die Schule gar nicht annehmen und „solches damit beweisen, wenn sie nicht ein Mal oder doch gar selten die Schulen visitieren, wie denn erst kürzlich offenbar geworden ist, daß etliche von Michaelis, als dem Anfang der Schulzeit an bis dato – nämlich Anfang Dezember – noch nicht einmal die Schule besucht haben". Auch hier waren wiederum, wie könnte es anders sein, deutliche Worte angebracht: „Da aber dieses willkürliche und verwerfliche, Euren Amtspflichten ganz entgegenstehende Benehmen nicht geduldet werden kann, so erinnern Wir Euch samt und sonders, die gewissenhafte Aufsicht über die Schulen, als eine Eurer Hauptpflichten, nicht zu versäumen, sondern deren Besorgung Euch äußerst angelegen seyn zu lassen." Sollte diese Erinnerung allerdings ungehört verhallen, wollte man derlei nachlässige und in Anbetracht der schädlichen Folgen unverantwortliche Amtsführung nicht nur „öffentlich bekannt machen, sondern auch verdientermaßen bestrafen". Denjenigen aber, die sich sowohl in diesem Punkte als auch in ihrer ganzen Amtsführung rühmlich betragen, versprach man die Zuwendung obrigkeitlicher Gunst. Da man aber auch gewiß sein wollte, ob von seiten der Vorsteher, was die Schulen betraf, tatsächlich nichts versäumt werde, mußten die Schulmeister in ihrem Verzeichnis außer den Schulversäumnissen der Kinder auch die Tage der Schulbesuche der Pfarrer und der Herren Beamten, Anwälde und Schulvorsteher festhalten. „Weilen, – wie die Herren vermerkten, – die bey mehreren erwiesene Nachlässigkeit nothwendig macht, daß Wir verurkundet wissen wollen, wie oft von Euch die Schulen besucht werden". Schließlich erging an die Pfarrer die Weisung, in ihren jährlichen Schulberichten zu bemerken, wie oft sie die Schulen besucht haben.

Dieses Zirkularschreiben zeigt eindrücklich das Bestreben der ulmischen Kirche, ihre Verantwortung für das Schulwesen rechtschaffen wahrzunehmen.

In Württemberg verordnete das Volksschulgesetz vom September 1836: „Die Volksschulen stehen in jedem Ort unter der Aufsicht des Pfarrers derjenigen Konfession, welcher der Schulmeister angehört, und der übrigen Mitglieder des Kirchenkonvents." Da die Hauptaufgabe der Schule im Vermitteln christlicher Inhalte im Religionsunterricht gesehen wurde, lag die hier erlassene, aber vielfach getadelte Regelung nahe.

Schon kurze Zeit später, vor allem aber in den unruhigen Jahren 1848 und 1849, herrschte zwischen Lehrern und Pfarrern vermehrt Unfriede. Der Unwille über die geistliche Schulaufsicht nahm rasch zu, und die von der Frankfurter Nationalversammlung ausgehenden Gedanken einer Liberalisierung des Schulwesens trugen in hohem Maße dazu bei. Zwar wurde 1848 in Frankfurt die geforderte Trennung von Kirche und Staat im Schulwesen mit zehn Stimmen Mehrheit angenommen, doch zu durchgreifenden Veränderungen kam es im Lande noch nicht. Erst etwa zwei Generationen später führte das Volksschulgesetz vom 17. August 1909 eine Abänderung der bisherigen Ordnung der Schulaufsicht in Württemberg herbei. Für die Volksschulen war nun eine Oberschulbehörde statt des Konsistoriums zuständig.

Außerdem wurde bestimmt: „Eine besondere Beaufsichtigung des Religionsunterrichts der Lehrer durch den Ortsgeistlichen findet nicht statt." Die Visitation mit eingehender Prüfung des lehrplanmäßigen Religionsunterrichts wurde geeigneten und entsprechend vorgebildeten Lehrern als Bezirksschulaufsehern übertragen, und nur soweit dies nicht der Fall war, durch kirchliche Visitatoren ausgeübt. Ihre Visitationsbesuche bei den Lehrern hatten die kirchlichen Visitatoren regelmäßig in den Jahren der Kirchenvisitation und der Inspektion vorzunehmen; so konnten sie sich mit dem allgemeinen Stand des Religionsunterrichts und des Choralgesangs bekannt machen.

Von Schulmeistern und Provisoren.

In seiner Pfarrbeschreibung von 1827 hatte der Nellinger Pfarrer Hebich im Abschnitt „Vom Schulwesen" folgendes vermerkt: „Das Recht, die Schulmeister und den Provisor zu ernennen, hatte unter Ulm Pfarrer, Amtmann und Gericht, und Ulm die Bestätigung. Im Jahr 1826 machte das Königliche Konsistorium den neuen Provisor, und so hörte das alte Recht auf, welches noch unter Baiern galt." Man spürt hier, daß der Schreiber über diese Veränderung nicht besonders glücklich war. Bedenkt man aber, was sich vorher über lange Zeit an Schrecklichem zugetragen hatte, handelte es sich jetzt um Geringfügiges, das überhaupt nicht ins Gewicht fiel.

Die Jahre kurz vor dem Übergang des ulmischen Gebiets an Bayern waren recht unruhige und gefährliche Zeiten gewesen. In den Koalitionskriegen gegen Frankreich, 1792 bis 1797 und 1799 bis 1802, brachen über Nellingen und seine Umgebung Schrecken und bittere Not herein. Immer wieder forderten durchziehende Truppen Quartier und Verpflegung, und im Mai 1800 überfielen große französische Infanterie- und Kavallerieeinheiten das Dorf, plünderten hemmungslos und verpflichteten die Einwohner außerdem noch zu Proviantlieferungen. Doch das Maß der Drangsal war noch nicht voll: Krankheit und Seuchen machten das Leben noch schwerer!

Trotz dieser Plagen schenkte man der Jugendunterweisung in der Schule besondere Beachtung. Im damals ungefähr 140 Seelen zählenden Oppingen, dem Filialdorf von Nellingen, war ein Schulmeister zu wählen. Diese Wahl wurde im Spätherbst 1801 vorgenommen und weisungsgemäß nach Ulm mitgeteilt. Vor seiner Anstellung fand dann noch die übliche Prüfung und Beurteilung in Ulm statt. Danach übermittelte die Kommission Anfang Dezember dem Pfarramt ihren Entscheid:

> „Der in Oppingen gewählte Schulmeister Leonhard Semle ist bei
> der mit ihm angestellen Prüfung als zu diesem Beruf tauglich befun-

den worden, nur hat man bemerkt, daß er im Katechisieren schwach ist und vom Rechnen wenig versteht. Weil nun aber der Semle versprochen hat, das Rechnen erlernen zu wollen und Wir Uns zu Euch, dem Hochlöblichen Pfarrer versehen, Ihr werdet nichts ermangeln lassen, was zu erforderlicher Ausbildung dieses viele gute Anlagen versprechenden jungen Mannes nötig ist und wovon der Oppinger Schule großer Nutzen zugehen wird, so haben Wir die auf ihn gefallene Wahl zum Schulmeister in Oppingen bestätigt und denselben unter einem an Eides statt abgelegten Handgelübde nachdrücklich ermahnt, daß er einen durchaus guten Lebenswandel führen und sich den getreuen Unterricht der Schuljugend bestens angelegen sein lassen solle."

Fast zeitlebens, bis 1839, hat er in seinem Heimatdorf Schule gehalten. Er starb am 1. Februar 1841, und seine Nachkommen führen noch bis zum heutigen Tag den Hausnamen „Schulbauer".

Natürlich möchte man nun auch etwas über die Arbeit und die Besoldung eines Dorfschulmeisters in jener Zeit erfahren. Hier ergibt sich eine Möglichkeit, denn aus dem Jahr 1827 liegt die Aufstellung seines Diensteinkommens „nach der neuesten Kompetenz" vor. Es betrug damals in Oppingen:

Von 30 Kindern à 45 kr.	22 fl. 30 kr.
Sonntagsschule	4 fl.
Sommerschule	1 fl.
Geld vom Heiligen (Kirchenpflege)	20 fl.
Geld von der Gemeinde	35 fl.
fürs Schulzimmer	8 fl.
Holz für	4 fl.
Hochzeiten, Taufen, Leichen	2 fl. 12 kr.
Diesem als Meßner Geld vom Heiligen	4 fl.
Weihnachtsschilling von Bürgern	6 fl. 48 kr.
1/2 Mahd	3 fl.
Dinkel vom Heiligen 1 Scheffel 4 Simri	4 fl 30 kr.
Haber ebendaher und ebensoviel	3 fl.
Früchte von Bauern	4 fl. 52 kr.
Früchte von Söldnern	2 fl.
Zusammen:	124 fl. 52 kr.

Im kleinen Oppingen stand damals noch kein Schulhaus. Darum mußte der Schulmeister die Kinder in seinem Haus unterrichten und bekam für das Schulzimmer jährlich 8 Gulden Miete und außerdem zur Beheizung Holz für 4 Gulden.

Seine Unterrichtsstunden hielt er im Winter von 8 bis 11 Uhr und von 1 bis 3 Uhr und im Sommer von 9 bis 11 Uhr und 11 bis 1 Uhr. Zusätzlich war ihm von 11 bis 12 Uhr Sonntagsschule aufgetragen, „wechselweis mit Manns- und Weibspersonen". Die Aufstellung schließt mit dem Vermerk: „Vom 14. bis Schluß des 18. Jahres kommen alle darein." Zu dieser Schularbeit kam dann noch der Mesnerdienst hinzu.

Die Oppinger waren mit ihrem Schulmeister zufrieden. Leider war dies nicht in jedem Dorf der Fall. Im kleinen Treffensbuch, das ungefähr 100 Einwohner zählte, muß es mit dem Filiallehrer bitteren Ärger gegeben haben. Nach Ansicht der Gemeindevorsteher rechtfertigte offenbar des Lehrers Fleiß seinen Lohn nicht, der ihm in barem Gelde zu zahlen war. Das erboste die rechtschaffenen und hart arbeitenden Albbauern so sehr, daß sie den Schulmeister kurzerhand fortjagten! Der Herr Dekan, dem das zu Ohren gekommen war, erstattete pflichtgemäß dem Oberkonsistorium Bericht. Wenige Wochen später erreichte ihn auf dem Dienstweg über den Herrn Prälaten folgender Erlaß:

> **F r i d e r i c h,**
> **von Gottes Gnaden**
> **König von Württemberg**
> **Souveräner Herzog in Schwaben und von Teck ec. ec.**
>
> Lieber Getreuer!
>
> Auf Euren, des Dekans, erstatteten allerunterthänigsten Bericht wegen des Filiallehrers zu Treffenspuch geben Wir Euch, dem gemeinschaftlichen OberAmt, auf, den Commun-Vorstehern zu Treffenspuch, die sich herausgenommen haben, ihren Filiallehrer Oßwald eigenmächtig fortzujagen, ihr unbefugtes Benehmen ernstlich zu verweisen, und ihnen zu bedeuten, daß jeder Filiallehrer als angestellter Diener zu betrachten sey, und ihnen weder die Annahme noch die Verweisung desselben ohne höchste Genehmigung zustehe.
> Zugleich habt Ihr ihnen aufzugeben, den Normalgehalt eines Provisors von 120 fl. für einen künftigen Lehrer auszumitteln, und wie es geschehen, wieder zu berichten.
> Gegeben Stuttgart im Königlichen Oberconsistorium den 9ten Decbr. 1814.

Angestellte Diener zu entlassen oder zu versetzen war einzig und allein Sache des Konsistoriums. Wie dabei verfahren wurde, zeigt der folgende Erlaß:

> **Departement des Kirchen- und Schulwesens**
> **Königliches Ober-Consistorium**
>
> Im Namen des Königs
>
> Dem Dekan in Blaubeuren wird hiemit aufgegeben, den Provisor Stahl von Treffenspuch mit Schonung, die seine Kränklichkeit ver-

dient, nach Haus zu entlassen und ihm zu bedeuten, daß wenn er vollkommen genesen sey, man ihm wieder eine Stelle anvertrauen werde. Die Bitte der Commun aber weiß man nicht zu gewähren, und hat sub hod. den Provisor Faas von Wiesenbach, Blaufelder Dekanats, nach Treffenspuch beordert.
Stuttgart, den 27. Iuni 1817.

Nicht nur bei der Entlassung aus dem Dienst oder bei einer Versetzung, sondern in erster Linie bei der Anstellung von Lehrgehilfen lag die Entscheidung beim Konsistorium. Es war die dafür verantwortliche Königliche Behörde. Vor der Anstellung als Provisor hatte nämlich ein „Schulincipient" – ein Lehreranfänger – vor dem Konsistorium in Stuttgart seine Kenntnisse zu zeigen. Das so erworbene Zeugnis stellte schon damals für jeden „Junglehrer" ein wichtiges und sorgsam gehütetes Dokument dar. Daher wurde beim Antritt einer Schulstelle dem Vorgesetzten meist nur eine beglaubigte Abschrift vorgelegt. Über den Inhalt der Prüfung gibt das Zeugnis eines 17jährigen angehenden Provisors Auskunft:

Johannes Rebmann, Schulincipient von Böblingen gebürtig, hat bey dem Provisorats-Examen in der Religion, im Schön- und Rechtschreiben, im Rechnen und Choralspielen ziemlich gute Kenntniße, in der Geographie und Völkergeschichte, in der Naturlehre und Naturgeschichte Anfänge erprobt.
Ihm wird daher das Zeuniß ziemlich guter Schulkenntniße ertheilt.
Stuttgart den 24. Mai 1820.
    Königlich Württembergisches
    evangelisches Consistorium.
Die richtige Übereinstimmung mit dem Original bezeugt
    Pfarrer M. Sigel.

Die Beurteilung der bewiesenen Lehrfähigkeit und des gesamten Verhaltens auf der Schulstelle gehörte dann zu den Aufgaben des Pfarrers als Ortsschulaufseher. Er war mit dem jungen Mann sehr zufrieden und stellte ihm ein glänzendes Dienstzeugnis aus:

Johannes Rebmann, geboren zu Böblingen den 27. August 1803. Vor 1 Jahr vom Königlich evangelischen Consistorio vom Dobel aus als Provisor hieher verschickt, hat sich bis dato in der Schule lehrfähig und fleißig, gegen die Kinder liebreich und freundlich gezeigt, gegen das PfarrAmt so wie gegen seinen Principal Subordination und Bescheidenheit beobachtet, ist gegen Jedermann höflich und manierlich, so wie überhaupt in seiner Äußerung ordentlich gewesen, und hat auch außer den Schulstunden seine Zeit nüzlich angewendet. Solches bezeugt Ihme,
    Hohenhaslach, den 21ten August 1822
    Pfarrer Kloepfer.

Allem nach waren Schulstellen begehrt. Um nämlich möglichst rasch im Schuldienst eine Anstellung zu bekommen, wollten viele auf dem schnellsten Weg ihre Prüfung ablegen. Da aber immer wieder Kandidaten unaufgefordert zur Prüfung kamen, ließ man verbindliche Regelungen ergehen und teilte sie den Dekanatämtern in einem Erlaß mit. Er verfügte, daß Schulprovisoren, die zum Konsistorial-Examen für einen Schuldienst zugelassen werden wollten und „Schulincipienten, die aus der Lehre treten" und die Prüfung auf ein Provisorat anstrebten, die Aufforderung des Konsistoriums abzuwarten haben. Die Provisoren mußten vorher ein Zulassungsgesuch schreiben, und über die Incipienten hatte der zuständige Dekan Bericht zu erstatten. Da es noch keine Seminarausbildung gab, folgte Mitte Dezember 1806 für die „Schulamtszöglinge", die den Beruf des Lehres ergreifen wollten, eine erste „Ausbildungsverordnung". Es wurde verordnet, „daß kein dem Schulfache sich widmender Incipient früher als nach zurükgelegtem 14ten Jahre in die Lehre aufgenommen werden und nicht eher als nach 3 Jahren aus der Lehre treten solle".

Im Königreich Württemberg wurde im Jahr 1811 in Esslingen das erste Lehrerseminar eröffnet. Dort bekamen die evangelischen Schulamtsbewerber ihre Ausbildung. Im Jahr 1824 kam dann für die katholischen Bewerber ein Seminar in Schwäbisch Gmünd hinzu.

Enttäuschte Hoffnungen.

Die Suche nach einer Lehrerstelle forderte von den Provisoren oft viel Geduld, und nicht selten wurden auch bescheidene Hoffnungen enttäuscht. Einem jungen und tüchtigen Filiallehrer bereitete die Antwort des Konsistoriums auf seine eingereichte Bittschrift um allgemeine Beförderung großen Kummer. Er war mit 18 Jahren, wie der Ortspfarrer von Scharenstetten schrieb, „von vormaliger Königlich Baierischer Regierung den 31. August 1810 zum Schullehrer in Radelstetten, Filialort zu Scharenstetten, allergnädigst nominirt und confirmirt" worden. Nachdem er fünf Jahre der kleinen Schule in Radelstetten vorgestanden hatte, wünschte er sich einen größeren Wirkungskreis.
In einer glänzenden Beurteilung wurde ihm bestätigt, daß er „durch Fleiß und das Lesen zweckdienlicher, in sein Fach einschlagender Bücher seine Kenntnisse immer mehr zu bereichern und zu erweitern" suchte.

Auch der Direktor der vierteljährlichen Schulkonferenz stellte ihm ein gutes und rühmliches Zeugnis aus. Besonders hervorgehoben wurde, daß er „in der

Rechenkunst" ziemliche Fertigkeiten besitze, „das Klavier und die Orgel recht artig" spiele, und daß sein Lebenswandel „ganz tadellos" sei.

Daher ließ sich erwarten, „daß er bei seiner Neigung zu diesem Geschäfte, und bei dem unermüdeten Eifer, den er darin beweist, an einer größeren Schule mit eben so viel Nutzen und Segen arbeiten werde, wie er bisher an dieser kleinen Schule gearbeitet hat".

Der junge Filiallehrer Schmid hatte dieses glänzende Zeugnis bereits im Oktober 1815 erhalten. Doch bevor er dem Konsistorium seinen Wunsch um Beförderung vortrug, verging noch geraume Zeit. Wahrscheinlich hielten ihn die anbrechenden Hungerjahre ab. Erst 1819 entschloß er sich dazu und hoffte auf einen günstigen Bescheid.

Nachdem ihm sein Pfarrer die Antwort aus Stuttgart auf die vorgetragene Bitte eröffnet hatte, schrieb er noch am gleichen Tag, tief erregt, einen Brief an das Dekanatamt Blaubeuren:

> Hochgeehrtester Hochgelehrtester
> Verehrungswürdigster Herr Dekan!
>
> Voller Bestürzung und Verwirrung melde ich Euer Hochwürden, daß mein Herr Pfarrer mir heute, aus Dero gütigem Schreiben eröffnete, das hochpreißliche Ober-Consistorium fordere von mir die Erklärung, ob ich die (schon lange) vakante Filial-Schullehrerstelle Ob.Böhringen, auf meine den 3. März d. J. um allgemeine Beförderung eingereichte Supplik hin, annehmen wolle oder nicht.
> Mein Gott! rief ich aus: was denkt doch das Ober-Consistorium! An einen solchen überall verschreiten Ort und Dienst, von welchem sich schon Einer – vielleicht schon Mehrere – weggebeten haben – will es mich hinwerfen. Meine gerechten Thränen fliessen, über eine so große Mißkennung – Hintansezung.
> Nein! einen solchen Dienst, bei dem ich vielmehr hinab als hinaufgesezt – befördert werde, (welches eigentlich für mich nur ein Strafdienst wäre,) sollte man mir doch nicht zu wählen zumuthen. Bisher wuchs meine Freude am Schulamt von Tag zu Tag, und ich arbeitete auch nicht vergebens, welches eben meine Freude – erhöhte. Aber solche Erfahrungen, wie diese ist, machen nothwendig auf meinen Eifer traurige Würkungen. Jetzt muß ich es leider schon an mir selbst erfahren, was Sie mir einst zur Warnung sagten, nemlich: „Wenn man sich dem Consistorium ganz übergebe, so könne man oft sehr übel geführt werden". Wer kann sich nun an dasselbe halten? Und nimmt Einer dessen Anträge nicht an, sagte man mir schon, so lasse es ihn sizen.
>
> Ja, Euer Hochwürden dürfen mir glauben, daß mein Herze weint, weil das Hochpreißliche Ober-Consistorium meine Treue mit sol-

cher Unehre zu belohnen sucht, welche mir gegen das Schulfach die größte Abneigung einprägen könnte. Noch einmal sage ichs: mit Schande will es mich belegen, da es mich an den Ort hinweist, wohin nicht einmal Provisoren, bei der ersten Anstellung hinwollen.

Ach Gott! was denkt doch das Consistorium von mir – ?

Mit der Äußerung nun: daß ich niemals nach Ob.Böhringen wolle, wage ich schließlich die Bitte: Euer Hochwürden möchten doch die Gnade haben, mir Dero gütiges Wohlwollen zu schenken, und für die Begründung meines künftigen Glüks väterliche Sorge zu tragen. Der Herr wird Sie gewiß vielfältig dafür segnen.

Nebst Versicherung der größten Hochachtung, schmeichle ich mir zu seyn

	Euer Hochwürden
Radelstetten	ganz gehorsamster
den 29. Iuni 1819	Diener
	Johannes Schmid
	Schullehrer.

Dieser Brief des jungen Schulmeisters blieb nicht ohne Wirkung. Mit seiner Bitte, der Herr Dekan möchte für die Begründung seines künftigen Glücks väterliche Sorge tragen, fand er nicht nur Gehör, sondern auch die nötige Unterstützung. Er mußte die ihm vom Konsistorium zugedachte, unbeliebte Stelle in Oberböhringen nicht antreten. Wie aus dem Pfarrbericht zu der auf Iuni 1822 ausgeschriebenen Visitation hervorgeht, war er damals noch Filiallehrer in Radelstetten. Erst im Frühjahr 1823 tauchte dann in anderen Aufzeichnungen der Name eines neuen Lehrers auf. Schon bald aber kam es wieder zu einem Wechsel, denn Anfang März 1825 war Schulmeister Reitz, von dem noch ausführlich berichtet wird, nach Radelstetten ernannt worden.

Damals waren Dofschulmeister schlecht besoldet, noch viel dürftiger aber fiel der Lohn der Provisoren aus. Das bewog sie dazu, überall im Land nach freien Schulmeisterstellen Ausschau zu halten.

Bei seiner Suche war der Nellinger Provisor Mahle im Jahr 1834 mit einer Bewerbung recht vorschnell verfahren. Er legte dem Dekan ein Gesuch um den, wie er annahm, „erledigten Schuldienst" in Gründelhardt Dekanat Crailsheim vor, und nahm sich die Freiheit, „Euer Hochwürden gehorsamst zu ersuchen, sein Exhibitum" mit den Beilagen und einem dekanatamtlichen Beibericht an das Königlich evangelische Konsistorium „gefälligst abzusenden".

Schon zwei Wochen später mußte „das Dekanatamt dem Provisor Mahle bedeuten, daß in Gründelhardt kein Schuldienst erledigt, und es überhaupt unschicklich sei, sich um einen Dienst zu melden, bevor er ausgeschrieben und zum Bewerben aufgefordert worden ist". Für diese „Unschicklichkeit", die er sich mit seiner Bewerbung zuschulden kommen ließ, mußte er sich schriftlich und mündlich verantworten. Auf die vom Dekan an ihn gerichteten Fragen gab er an, daß er im „Schwäbischen Merkur" eine Anzeige vom Tod des Schulmeisters in Gründelhardt gelesen und daraus geschlossen habe, daß die Stelle nun frei sei. Aus Sorge, die Aufforderung zur Bewerbung könnte ihm nicht oder zu spät zur Kenntnis kommen, habe er sich zu seiner Meldung verleiten lassen.

Der voreilige Georg Friedrich Mahle wurde streng zurechtgewiesen und mußte danach noch fünf Jahre mit dem kargen Lohn eines Provisors in Nellingen bleiben. Erst 1839 bekam er dann als Nachfolger von Leonhard Semle die dürftig besoldete Schulmeisterstelle in Oppingen übertragen, die er bis 1844 versah.

Hatte ein Provisor schließlich außer einer Lehrerstelle auch noch eine Braut gefunden, warteten mitunter neue Schwierigkeiten. Nun war die Heiratserlaubnis des Konsistoriums einzuholen. Doch diese Erlaubnis wurde nicht in jedem Fall erteilt. So erlebte es ein junger Filiallehrer im Jahr 1836 in einem kleinen Albdorf. Das Konsistorium ließ ihm auf seine Bitte hin durch das Dekanatamt eröffnen, daß sich die in Betracht kommende Wohnung nur für einen ledigen Lehrer eignet. Da der Gemeinde eine Erweiterung noch auf einige Jahre erlassen worden sei, „wisse das Konsistorium die Heiratserlaubnis vor der Hand nicht zu erteilen".

Solche Erlebnisse bereiteten den Betroffenen nicht nur bittere Enttäuschungen, sondern minderten oft auch die Freude am Schuldienst. Nicht selten aber mehrten sie den Unwillen über die geistliche Schulaufsicht.

Doch nicht immer erfolgte eine Ablehnung. Auf das Gesuch eines andern Lehrers erging ein zustimmender Bescheid. Ihm durfte das Dekanatamt mitteilen, daß er die Erlaubnis zur Heirat erhalte. Allerdings erwartete das Konsistorium, „daß er sich jede anderweitige Verwendung im Dienste der Schule, die von der Königlichen Ober-Schulbehörde verfügt werden möchte, auch ferner gefallen lassen müsse."

Der Bittsteller, Unterlehrer Bantel aus Nellingen, konnte danach im August 1841 seinen eigenen Hausstand gründen. Seine junge Frau mußte jedoch sehr sparsam wirtschaften, denn das Unterlehrergehalt fiel seit Jahren niedriger aus, als es im Schulgesetz vorgesehen war. Im Sommer 1842 trug Bantel dem Stiftungsrat die Bitte um Erhöhung seines Jahresgehalts von 143 fl. 12 kr. auf 150 fl. vor. Das Gremium beschloß, da das Schulgesetz von 1836 dem Unterlehrer neben einem heizbaren Zimmer „wenigstens 150 fl. vindicirte, – als Anspruch zubilligte, – die noch fehlenden 6 fl. 48 kr. aus der Gemeindekasse zuzulegen". Bevor Unterlehrer Bantel das Dorf im folgenden Jahr verließ, um die ihm übertragene Schulmeisterstelle in Schalkstetten anzutreten, reichte er noch eine weitere Bitte ein. Er hatte sich seit Jahren unentgeltlich um die Bläser der Kirchenmusik gekümmert. Der Stiftungsrat gewährte ihm daher für das Notenschreiben „eine mit dem Jahresgehalt der Musiker von 3 fl. in Verhältnis stehende Entschädigung von 5 fl. 24 kr". In heutiger Währung knapp 62.– DM.

Erhörte Bitten und erfüllte Hoffnungen waren allerdings nicht die Regel; das zeigt sich gleich anschließend.

Auf Vorschlag des Dekans wurde manchen tüchtigen Lehrern für ihre mustergültige Arbeit ein jährlich von der Behörde ausgesetzter Preis zuerkannt. Als dieser Glücksfall für den Merklinger Schulmeister eintraf, verfaßte er einen überschwenglichen Brief und schrieb:

> „Euer Hochwürden verdanke ich diese ausgezeichnete Gnade. Ich verspreche Ihnen vor Gott, daß Sie das Hervorziehen meiner Person nie – nie bereuen sollen, so wenig als mein Dank erfülltes Herz je gegen Sie erkalten kann."

Worte allein waren dem Schreiber in diesem Fall zu wenig, und so bat er:

> „Ach sehen Euer Hochwürden es nicht als etwas Unedles an: Ich möchte diesen gefühligen Augenblick auch in Etwas thätlich meine Erkenntlichkeit darbringen; verderben ihn Euer Hochwürden nicht, und haben Dieselbe die Güte, ein Mal eine Ausnahme zu machen. Hier also sei ein kleines Angedenken – vor jedermann unbekannt in Schüchternheit Ihrer väterlichen, wohlwollenden Hand dargebracht."

Obwohl er noch anfügte: „Meine Freude würde verbittert sein, wenn Sie in diesem außerordentlichen Fall nicht etwas nachgeben könnten," wurden seine ehrerbietigen Worte doch zur Fehlbitte. Auf einem kleinen, am Briefende angehefteten Zettel ist nämlich in der Handschrift des Dekans vermerkt: „Dem Schulmeister mit Verweis zurückgegeben. 14. Febr. 1838."

Über diese Nachricht war er tief enttäuscht und fühlte sich wie vor den Kopf gestoßen. Was der gute Schulmeister seinem Dekan dankbar verehren wollte, war sicher keine Kostbarkeit!

An der Zurückweisung war ein Konsistorialerlaß vom Frühjahr 1826 schuld. Damit wurde auf verschiedene Nachfragen klargestellt, daß „Das Verbot und die Bestrafung der Geschenkannahme der Staatsdiener" durch Gerichtsurteil auch für die Dekane als Beamte der Departements-Abteilung des Kirchen- und Schulwesens gilt. Ja, man ging noch weiter: „Zur Beseitigung jeder etwaiger Unwissenheit" hat man diesen Erlaß sämtlichen evangelischen Geistlichen bekanntgemacht und sie den Empfang schriftlich bestätigen lassen. Die Dekanatämter mußten diese unterschriebenen Bestätigungen sammeln und verwahren und binnen vier Wochen den Eingang dem Konsistorium anzeigen.

Eines Landschulmeisters Kummer

Es gehörte zu den Aufgaben des örtlichen Kirchenkonvents, Eltern für die Schulversäumnisse ihrer Kinder zur Rechenschaft zu ziehen und dafür zu bestrafen. Die eingenommenen Gelder wurden dann dem Schulfonds zugeführt. Lässiges Vorgehen von Pfarrer und Kirchenkonvent aber konnten die Schularbeit eines gewissenhaften Lehrers erheblich erschweren.

Im Sommer 1818 trug der Schulmeister von Rottenacker dem Herrn Dekan bei der Kirchen- und Schulvisitation seine Klagen vor und erhielt die Weisung, schriftlich darüber zu berichten. Er hat sich dieser heiklen Aufgabe außerordentlich pünktlich gewidmet.
Da sein Bericht ohne Schonung auch Einzelheiten nennt, vermittelt er aufschlußreiche Einblicke in die damaligen Schul- und Gemeindeverhältnisse und wird in Auszügen wiedergegeben:

> Königlich Hochwürdiges Dekanat-Amt!
>
> Bey der Kirchen- und Schulvisitation am 6ten August wurde mir gütigst aufgetragen, meine mündlich vorgebrachten Klagen zu Papier zu bringen, damit ein Special-Rezeß erlassen werden und dadurch der überhand genommenen Unordnung im Schulbesuch gesteuert werden könne.
> Diesem Auftrag zur gehorsamsten Folge bringe ich nun hier schriftlich vor:
>
> 1.) Die Kinder bleiben ohne Erlaubnis aus und versäumen so viele Schulen, daß nach Abzug der Sonn- Fest- und Feiertage und der Vacanzen bey den meisten die jährliche Schulzeit nicht höher als auf 3 oder 4 Monate und bey vielen gar nur auf einen, höchstens 2 Monate angeschlagen werden kann.
> 2.) Weil kein Kind in die Schule kommt, so ist von der Erndte an gewöhlich 9 und 10 Wochen in Einem fort Vacanz, und folglich wird (die Heu-Vacanz dazu gerechnet) im Sommer 11, 12 und 13 Wochen lang gar keine Schule gehalten.
> 3.) Es verdingen sich alle Jahre auf die benachbarte Alp 10, 15 bis 20 Buben. Diese Buben gehen aber nicht alle an einem Tage, sondern einige gehen schon um Lichtmeß, andere in der Mitte, wieder andere zu Ende des Februar, und noch andere eben so im März und April. Auf Martini treten sie dann wieder ein, kommen jedoch, weil ihre Ältern sie zum Dreschen und zu andern, noch unbedeutenderen Geschäften daheim behalten, vor Anfang oder Mitte des December nicht in die Schule, und haben auch die 8 oder 9 Monate, so lange sie draußen waren, keine Schule gesehen.

4.) Die Kinderlehren und Sonntagsschulen werden von den Confirmirten oder Ledigen eben so unregelmäßig besucht. Wer kommen mag, kommt; wer nicht kommen mag, bleibt, ohne anzuhalten, aus.

Dann beklagte der Schulmeister, daß der Kirchenkonvent seine Schuldigkeit nicht tut, denn die Schulversäumnisse kommen nur einmal oder zweimal im Jahr zur Sprache.

Außerdem werden die Eltern nicht vorgeladen, „sondern der Schultheiß nimmt nach gehaltenem Kirchen-Convent das Verzeichniß zur Hand und der Büttel sagt die nach Gunst angesezte Strafe an. Die Ältern hätten sodann die Strafgelder an den Schultheiß abzuliefern; da heißt es aber wieder: „wem ich gnädig bin, dem bin ich gnädig"; denn nicht selten läßt der Schultheiß auf eigene Faust auch das Wenige, was der Kirchen-Convent ansezte, vollends nach."

Danach schilderte er einen besonders krassen Fall von Schulversäumnissen und zeigte auf, daß bei mehreren Kindern dieser Familie „die Schulzeit im Jahr nur etliche 20 ganze Tage" ausmachte. Er entrüstete sich darüber, daß „dem unerachtet, dem saumseligen Vater dieser Kinder, der sich gar nicht über Armuth beschweren dürfte, wenn er von jeher hätte hausen wollen, die 48 kr., um welche er das 2te Mal vom Kirchen-Convent gestraft wurde, vom Schultheiß auf eigene Faust nachgelassen, so daß er statt 18 fl. 40 kr., um welche er von Rechts wegen hätte gestraft werden sollen, nur 24 kr. bezahlen durfte, wenn ihm anders diese nicht auch geschenkt wurden."

Nachdem er bereits seit Jahren bei allen Frühjahrs- und Herbstvisitationen Klage über den unerhört schlechten Schulbesuch geführt hatte, verlangte er im Frühjahr 1818 vor dem Kirchenkonvent, man möge die saumseligen Eltern selber zitieren und auch für die „Dienstbuben" eine andere Ordnung machen. Doch der Schultheiß lehnte diese Forderung des Schulmeisters mit herrischen Worten ab. Da er schon seit elf Jahren auf eine bessere Ordnung im Schulbesuch drängte, sah er nun seine Ehre aufs Spiel gesetzt. Daher bat er den Herrn Dekan, „dem Pfarrer so gütig wie ernstlich aufzutragen", sich der Sache besser anzunehmen, die Bemühungen des Schulmeisters mit der ganzen Würde seines Amtes gegen die gesetzwidrigen Anmaßungen des Schultheißen zu unterstützen und auf den Vorschriften der General-Schulverordnung zu beharren.

Dem Schulmeister lag vor allem daran, daß die Vakanzen im Jahr zusammen nicht länger als 6 Wochen dauerten. Ferner, daß Buben, die sich auswärts verdingen wollten, vorher beim Pfarrer die Erlaubnis dazu einholten, daß sie den Ort nicht einzeln verließen, sondern alle miteinander erst Anfang April weggingen und am Kirchweih-Montag auch wieder miteinander in die Schule eintraten. Was die „Dienstbuben" anbetraf, berief er sich auf seine Erfahrung. Es war ihm nämlich schon öfter in Mundingen und Weilersteußlingen „bezeugt worden, daß diejenigen Buben, welche vor dem April ein- und erst an Martini wieder austräten, nur für ihre Bauern einzeln das Vieh zu hüten hätten, wobei sie eigentlich ganz verwildern". Daher verwies er auf die General-Schulverordnung, die das Viehhüten durch einzelne Kinder nicht gestattet. Dann lehnte er noch ab, daß diese Dienstbuben, die ein halbes Jahr ohne Unterricht waren, zum Dreschen aus der Schule befreit werden. Was über die „Dienstbuben" von Rottenacker berichtet wurde, war kein Einzelfall. Kinder, die in der kleinen Landwirtschaft der Eltern nicht das ganze Jahr über benötigt wurden, verdingte man für Monate bei größeren Bauern. Dort erhielten sie für ihre Arbeit Unterkunft und Essen und entlasteten ihre Familie, denn es saßen weniger Esser am Tisch. Nach der Schulentlassung hatten solche Buben auch bessere Aussichten auf eine Dienstbotenstelle.

In einer Zusammenfassung kam der Schulmeister zu dem Ergebnis:

> „Die Vorstellungen des Pfarrers, oder seine guten Worte allein werden jedoch der eingerissenen Unordnung im Besuche der Werktagsschulen, Kinderlehren und Sonntagsschulen nicht abhelfen. Wenn Ordnung werden soll, so ist nöthig, daß der Pfarrer als eigentlicher Direktor des Kirchen-Convents, diesen auf seine Pflichten aufmerksam mache und ihn anhalte, daß er seine Schuldigkeit pünktlich thue und nicht saumselig und schläfrig sey; – es ist nöthig, daß die Schulversäumnisse nach Verfluß jedes Monats vor den Kirchen-Convent gebracht, alle muthwilligen Versäumnisse nach den Gesezen bestraft und die Strafe in Wiederholungsfällen erhöhet werden; – es ist nöthig, die Älteren, welche gestraft werden sollen, selber vor den Kirchen-Convent zu citiren, ihnen da die Strafen anzusagen und aufzugeben, daß sie sie innerhalb 4 Wochen an den Heiligenpfleger abzuliefern hätten, welcher sie dann erst nach dem Einzuge dem Pfarrer, als dem eigentlichen Verwalter des Schulfonds, übergäbe, denn daß der Schultheiß die Strafen einzieht und sichs herausnimmt, das, was den Ältern kirchenconventlich angesezt wurde, auf eigene Faust nachzulassen, ist gegen alle Ordnung."

Sein Bericht schließt: Indem ich nun gehorsamst bitte, einen Special-Receß gütigst zu erlassen und darin meine oben angegebenen Wünsche, die nur auf das gerichtet sind, was in Betreff des Schulbesuchs ohnehin längst vorgeschrieben ist, zu berücksichtigen, verharret mit der innigsten Verehrung

Rothenaker
am 8ten Septbr. 1818

Eines Hochwürdigen Dekanat-Amts
gehorsamster
Joh. Wilhelm Gehring,
Schulmeister.

Die Bemühungen des tüchtigen Schulmeisters Gehring, den Schulbesuch zum Nutzen der Kinder zu ordnen, fanden die Unterstützung des Dekans. Bereits 1809 hatte der frühere Dekan über den damals erst 24jährigen, seit eineinhalb Jahren in Rottenacker tätigen Lehrer geurteilt, daß er „mit Anwendung der Stephanischen und Pestalozzischen Methode" vorzügliche Arbeit leiste. Er fügte hinzu: „Der Zustand der Schule hat sich unter diesem Schulmeister ungemein gebessert. Große Lernbegierde, Ordnungsliebe und Sittsamkeit herrscht in derselben."

Bei manchen Eltern aber stieß Schulmeister Gehring im Laufe der Jahre mit seinem Drängen auf den regelmäßigen Schulbesuch der Kinder und einer strengen Bestrafung der Schulversäumnisse auf Unwillen und Ablehnung, und bei der Gemeindeverwaltung auf Schwierigkeiten. So ist es verständlich, daß er nach mühevollen Jahren und immer wiederkehrender Anfeindung den Wunsch um Versetzung äußerte. Ende 1823 wandte er sich deshalb an den Herrn Dekan und schrieb, „bei den Euer Hochwürden bekannten Verhältnissen muß ich wünschen, so bald als möglich versetzt zu werden". Er fügte ein Gesuch bei und bat, den Beibericht recht dringend zu machen, „damit die Herren Consistorial-Räthe einsehen, daß es nöthig sey, mir endlich einmal einen andern Dienst zu geben". Zwar war die von ihm ausgewählte vakante Stelle in Waiblingen „nur ein Dienst 2ter Classe", da er aber in eine Stadt kommen wollte, bewarb er sich trotzdem.

Ganz so rasch, wie er sich einen Wechsel wünschte, kam er leider nicht zustande, denn auch seine zweite Eingabe um eine vakante Stelle in Nürtingen blieb ohne Erfolg. Bei der Bezirksvisitation durch den Prälaten im September 1827 wurde er noch als Schulmeister von Rottenacker erwähnt, und erst im Dezember 1829 war auf seiner Stelle ein anderer Lehrer als „Amtsverweser" tätig.

Weisungen des Konsistoriums und der Synode.

Vom Königlichen Synodus erging im Mai 1817 eine für Pfarrer und Lehrer verbindliche Verordnung, die das Rauchen im Dienst betraf:

> „Da man vernommen hat, daß manche Schullehrer sich erlauben, in der Schule Tabak zu rauchen, dieses aber, überhaupt im Dienst, ganz unschicklich ist, so haben die Dekane darauf zu sehen, daß der Gebrauch des Tabakrauchens in der Schule den Schullehrern untersagt werde; wie man ohnehin erwartet, daß auch die Geistli-

chen in der Überzeugung von der Unschicklichkeit der Sache den Schulmeistern kein übles Beispiel geben."

Bis 1830 war das Rauchen in der Öffentlichkeit verpönt. Ja die Preußische Staatszeitung sprach sogar die Befürchtung aus, daß uneingeschränktes Rauchen die allgemeine Disziplin untergraben könnte.

Wollten die gerügten Schulmeister durch Rauchen Protest bekunden? Bei ihrem recht dürftigen Gehalt gingen sie mit Tabak, der einer hohen Einfuhrsteuer unterlag, sicher recht sparsam um. Sollte es in jenen kargen Jahren der Mißernten nicht eher der nagende Hunger gewesen sein, der sie veranlaßte, Tabak zu rauchen?

Im Bürgertum setzte sich damals die Neigung zum Rückzug in den Kreis der Familie und der Freundschaft durch, und wohlhabende, leidenschaftliche Raucher, die über genügend Platz verfügten, richteten sich in ihrer Wohnung ein Raucherzimmer ein. Dort traf sich dann das Tabakskollegium des Hausherrn in gemütlicher Runde mit langstieligen Pfeifen zur Abendunterhaltung. Während der Choleraepidemie von 1831 schrieb man dem Rauch antiseptische Wirkung zu; das trug dann mit dazu bei, daß Rauchen in Mode kam und fast allgemein zur Gewohnheit wurde. Doch zurück.

Erfuhr das Konsistorium auf dem Dienstweg von Problemen oder Ärgernissen in einer Gemeinde, erteilte es die nötigen Weisungen. Im Jahr 1835 hatte das Königlich evangelische Dekanat Blaubeuren tätig zu werden, denn „daßelbe hat den Provisor Strodtbek in Sonderbuch vor häufigem Besuche der Wirtshäuser zu verwarnen". Da über den Lehrerstand im Lande häufig Klage geführt wurde, sah sich die Königlich evangelische Synode im November 1835 veranlaßt, alle Schulfragen ausführlich zu beraten. Das schriftlich festgehaltene Ergebnis dieser Verhandlungen ließ sie sämtlichen Dekanatämtern zugehen. Es wurde anerkannt, „daß es in allen Gegenden des Vaterlandes Schulen gibt, welche durch erfreuliche Fortschritte in Kenntnissen und Fertigkeiten, durch Zucht, Ordnung und christlichen Geist sich auszeichnen". Den Dekanatämtern trug man daher auf, „denjenigen Schulmeistern und Schulgehilfen, deren pflichttreue Bemühungen, zum Theil unter schweren äußeren Verhältnissen, hierauf gerichtet sind, diese Anerkenntniß von Seiten der evangelischen Synode zu bezeugen". Ferner sollten sie „die Arbeit dieser rechtschaffenen Männer im Vereine mit den unmittelbaren Aufsichtsbehörden auf alle Weise unterstützen". Schließlich waren auch „die Gemeinden bei jeder sich darbietenden Gelegenheit auf den hohen Werth des Besitzes einer guten Schule und geschickter, gewissenhafter, nach Sinn und Wandel würdiger Lehrer" aufmerksam zu machen.

Nachdem das Erfreuliche gebührend gewürdigt war, kam aber auch Betrübliches zur Sprache; nämlich „die – meistens nur allzu begründeten – Klagen, welche von verschiedenen Orten über andere Mitglieder des Schulstandes, namentlich über mehrere Provisoren" geführt wurden. Man mußte feststellen: „Es gibt Jüngere und Ältere, die für alles Andere mehr Sinn und Eifer haben als für Amt und Beruf, für guten Unterricht und sittliche Erziehung der ihnen anvertrauten Jugend; und die eben daher auch in ihrer eigenen Befähigung stille stehen oder gar zurückschreiten." Ja, es gab unbescheidene und anmaßende Schulgehilfen, die den Namen „unabhängiger Provisor" so zu verstehen schienen, „als ob derselbe ihnen das Recht gäbe, jede Einweisung in ihre Pflichten abzulehnen". Unter ihnen waren auch solche, die sich gegen ihre Principale ungebührlich benahmen, auf die Schulmeister herabsahen, und ihren Vorgesetzten „überhaupt die schuldige Achtung und Folgsamkeit" verweigerten. Auch die Lehrmethode mancher Lehrer gab Anlaß zu Tadel, denn sie verschüchterten die Kinder durch übermäßige Strenge, entleideten ihnen das Lernen und legten „in junge Herzen den ersten Grund zu Bitterkeit und verkehrter Richtung".

Leider fehlte es auch nicht an denen, „die durch gemeine Umgänge, durch Wirtshauslaufen, durch Theilnahme an zuchtlosen Tänzen und dergl. sich an Leichtsinn, Verschwendung, Trunkenheit, Spielsucht, Nachtschwärmen und rohe Sitten gewöhnen, hiedurch oder durch Sünden der Wollust den Sinn für das Höhere und Bessere in sich ertödten und zur Arbeit unlustig und unfähig werden".

Besonders bedenklich aber stimmte „die Leichtfertigkeit, womit Manche an öffentlichen Orten über Religion und Christentum sich aussprechen; die nachläßige Oberflächlichkeit und gemüthlose Kälte, womit sie in ihrem Unterrichte Alles, was auf Religion und Bibel sich bezieht, behandeln; ihr Unfleiß im Besuch des Gottesdienstes, und ihr ärgernisgebendes Bemühen, sich demselben auf jede Weise zu entziehen. Dieß Alles deutet auf einen bei Jugendlehrern zwiefach beklagenswerten Mangel an Gottesfurcht und an Interesse für das Heilige und Wahre hin, und beweist, wie wenig solche Schulmänner bedenken, daß christliche Erkenntniß und Religiosität die Grundlage einer guten Erziehung ist, und daß ohne sie ein Lehrer, und wäre er auch sonst geschickt und eifrig, nicht zum wahren Seegen arbeitet und arbeiten kann."

Mit dieser unverhüllten Darlegung der Fehler versuchte die Synode die Einsicht zu fördern und die Mißstände zu beheben. Zugleich aber erklärte die Oberkirchen- und Schulbehörde aufs neue, daß sie nicht gewillt ist, „durch unwürdige Mitglieder des Schulstandes Volk und Jugend mißhandeln, den Schulstand selbst entehren, und ihm die Anerkennung seiner achtbaren Wirksamkeit entziehen zu lassen". Man stellte unmißverständlich klar: „Auch wird der gegenwärtige, durch mehrere Entlassungen gesteigerte Mangel an Provisoren die Strenge gegen diejenigen, welche zu gerechten Klagen Anlaß geben, nicht mildern: sondern es wird eher jede andere, wenn auch beschwerliche, Aushilfe ergriffen, als zugegeben werden, daß an Schulen solche Lehrer bleiben, die durch Trägheit, Rohheit und Unsittlichkeit nur Böses stiften, oder das Fortwachsen des von besseren Vorgängern gepflanzten Guten unmöglich machen."

Den Dekanatämtern wurde aufgegeben, „Vorstehendes sämtlichen Schullehrern, den einen zur Warnung, den andern zur Ermunterung, bekannt zu machen, und es in die Schulrezeßbücher eintragen zu lassen".

Abschließend erhielten Dekanat- und Pfarrämter gemeinsam die Weisung, sich der sittlichen und religiösen Bildung „der ihnen Untergeordneten" getreulich anzunehmen, die Fortbildung der Provisoren in der schulfreien Zeit zu fördern, und sie „bei den ersten Anfängen einer Verderbnis väterlich und ernst zu ermahnen". Sollten aber die Warnungen mißachtet werden, war sofort dem Konsistorium zu berichten. Die Zeugnisse in den Provisoratstabellen über Leistungen und Benehmen der Schulgehilfen und Amtsverweser waren nach bestem Wissen und Gewissen abzufassen, „damit aus denselben die Tüchtigkeit und Würdigkeit des am Orte befindlichen Lehrers, – oder das Gegentheil erhelle, – und einem Jeden werden könne, was er verdient".

Wie nun die nächste Begebenheit zeigt, kümmerte sich das Konsistorium nicht nur um die Lehrer, sondern, wenn es nötig war, auch um einzelne Kinder. Es ließ nicht nur Strenge walten, es übte auch Fürsorge.

Hier galt sie zwei Nellinger Sorgenkindern, die „wegen unzureichender Kenntnisse und Simpelhaftigkeit", wie es in einem Protokoll hieß, im Jahr 1828 nicht zur Konfirmation zugelassen wurden.

Nachdem der Dekan über diesen Fall berichtet hatte, erging folgender Erlaß:

Das
Königlich evangelische Konsistorium
an
das Dekanat-Amt Blaubeuren.

Demselben ertheilt man auf seinen Bericht, die beiden verwahrlosten Knaben in Nellingen betreffend, den Auftrag, folgende Weisungen in Beziehung auf dieselben zu ertheilen:
1.) Der Vater des Johannes S. ist anzuhalten, seinem Sohn Privatunterricht geben zu lassen, worüber das Pfarramt Aufsicht zu führen hat.
2.) Wegen des verwahrlosten Brandseph ist die Gemeinde aufzufordern, ihm auf öffentliche Kosten wenigstens ein halbes Jahr lang Privatunterricht ertheilen zu lassen, um noch einen Versuch zu machen, ob nicht auf diesem Wege ihm die nöthigen Kenntnisse beigebracht werden können.
Stuttgart den 29. April 1828.

Da sich auch der örtliche Kirchenkonvent mit dieser Angelegenheit befassen mußte, ist außer dem Ergebnis der angeordneten Bemühungen noch weiteres aufgezeichnet.

Ein Protokoll von 1828 urteilte: „Johannes S. geboren 1814, Sohn. eines rohen und jähzornigen (übrigens vermöglichen) Vaters und einer simpelhaften Mutter, kann weder lesen noch schreiben, und ist ein sehr unartiger und böser Knabe." Eine spätere Beifügung vermerkte: „S. durch Privatunterricht zum lesen gebracht. Schreiben kann er nicht, hiezu konnte er absolut nicht gebracht werden. Sein Vater wünscht, daß er konfirmiert werde." Er durfte ein Jahr später an der Konfirmation 1829 teilnehmen.

Schlechter war es um seinen Altergenossen bestellt, denn „Brandseph ist ein totaler Simpel und konnte trotz aller Mühe, die auf ihn gewandt wurde, nicht einmal das Buchstabieren lernen." Die Mutter wollte den vermutlich geistig behinderten Knaben 1828 aus der Schule nehmen.

Johannes Brandseph, einer der Armen und Elenden, blieb sich nicht selbst überlassen, sondern wurde von der Ortsgemeinde versorgt. Im Laufe seines Lebens hat man ihn verschiedenen Nellinger Familien in Kost und Logie gegeben. So gut seine Kräfte reichten, hat er dann dafür kleine einfache Arbeiten in Stall und Feld seiner Pflegefamilien verrichtet.

Lehrgeschick – keines.

Durch häufige Visitationen und angeforderte Berichte erhielten die Dekane und das Konsistorium ein ziemlich genaues Bild von den Verhältnissen in den Kirchengemeinden und in den Schulen. Auch über die Leistung jedes Geistlichen und der Lehrer wußte man gut Bescheid. So konnte Fleiß belohnt, unbotmäßiges und nachlässiges Verhalten aber getadelt und geahndet werden. Da ausgestellten Zeugnissen oft ausschlaggebende Bedeutung zukam, mußten sie wohlerwogene und gewissenhaft ausgesprochene Urteile sein.

Um seiner schwierigen Aufgabe in einem besonders heiklen Fall gerecht zu werden, holte der für die Beurteilung zuständige Ortspfarrer – zur Bestätigung oder Korrektur – die Stellungnahme seines Dekans ein. Wie man dem Zeugnis entnehmen kann, handelte es sich hier nicht nur um Nebensachen.

Pfarramtliches Zeugnis des von Erzingen
nach Radelstetten versetzten Schulmeisters
Johann Georg S.

I. Amtsführung.

1. In der Schule.

a) Kenntnisse – nach der Prüfungsnote „gut", nach pfarramtlicher Beurteilung „ziemlich gut. Zeichnet sich durch einen guten Styl aus, und sucht sich weiter zu bilden.

b) Lehrgeschick – keines.

c) Fleiß – ziemlich gut.

d) Schulzucht – gar keine.

2. In der Kirche.

a) als Meßner – konnte hier der Meßnerei nicht vorstehen, weßhalb er vom Gemeinderath verklagt wurde.

b) als Vorsänger – ausgezeichnet unkultivirte Stimme und Mangel an musikalischem Gehör.

c) als Organist – spielt ziemlich gut, seine Figur und seltsamen Grimassen beim Spiel haben aber jeden Sonntag die Gemeinde zum Lachen verleitet.

II. Sittliche Aufführung.

1. Charakter und Wandel im Allgemeinen.
   Sein äußerer Wandel ist untadelhaft, sein Charakter in hohem Grade mißtrauisch und verschmitzt, zum Voraus eingenommen gegen alles, was „Vorgesetzter" heißt. (Nie habe ich einen Menschen kennen gelernt, dessen Äußeres so genau das Abbild des Inneren war, als bei diesem Mann.)

2. Politisches Verhalten: Das Pfarramt hat ihn von dieser Seite gar nicht kennen gelernt.

3. Benehmen. Im Besonderen

a) gegen den Geistlichen:
   äußerlich sehr devot, im Herzen ein Todtfeind aller Geistlichen, hat einen ganz eigenen Instinkt diejenigen Gemeindeglieder heraus zu wittern, die dem Pfarrer nicht hold sind, und diese weiß er an sich zu ziehen. Vor diesem Menschen auf der Hut zu seyn, wird nie einen gereuen.

b) gegen die Gemeinde:
   Hat hier mit allen Menschen sich abgeworfen, kam ohne Segen, ging ohne Gruß und Abschied und nur die Ehehälfte des Schulmeisters schied mit dem Wunsche: „Wenn nur ganz Erzingen verrecken thäte."

c) Vom ersten bis zum letzten Augenblick lebte er in Haß und Feindschaft mit dem Provisor, den er vor den Schülern und Sonntagsschülern auf der Straße und in der Kirche wörtlich und thätlich angriff, wofür er gestraft wurde. Der Pfarrer, der ihn bemitleidete und zu tragen suchte, war nur darum ein Gegenstand seines bitteren Hasses, weil er in diesem pöbelhaften Streit dem Schulmeister nicht recht geben konnte.

d) Im häuslichen Leben. Das Pfarramt weiß hievon nichts, als daß in solchem Lumperei und Bettelei zu Hause sind. Die Ehefrau war hier wegen seltener und kräftiger Flüche renomirt. Schweinerei und Unreinlichkeit waren so hoch gestiegen, daß das neue Schulhaus nicht blos an „heimlichem Ort", sondern selbst in den Schlafzimmern auf eine Art ausstaffirt ist, als ob Wiedehopfen hier gehaust hätten. Man findet hier kaum Leute, die um große Belohnung die Unreinlichkeit beseitigen. Die Kinderzucht im eigenen Hause muß unter aller Kritik gewesen seyn; denn der 12jährige Sohn, höckerigt wie der Vater, griff auf offener Straße die Mädchen an und betastete sie auf dem blosen Leib, wofür er vom Pfarrer bestraft wurde; vielleicht aus Rache dafür, hat solcher am Eingang zur Sakristei und selbst zur Kanzel seine Füße gekühlt.

III. Das Pfarramt hat immer den Schulmeister entschuldigt und seine geistigen Zustände als Folge seiner über alle Gebühr mißlichen körperlichen Verhältnisse betrachtet, aus demselben Grunde und wegen der Kürze des Aufenthals des S. in hiesigem Ort glaubte das Pfarramt auch kein umfassendes Zeugniß ausstellen zu müssen; da aber hiezu höherer Befehl ertheilt wurde, so wird hiemit sine ira et studio gewissenhaft dieß Zeugniß vergelegt durch das

Königliche Pfarramt
Weil

Das Dekanatamt fügte hinzu:

Schulmeister S. wurde wegen Dienstnachlässigkeit, Unbotmäßigkeit, thätlicher Mishandlung des Lehrgehilfen in der Kirche, und Ungebühr gegen das Decanatamt wiederholt vom gemeinschaftlichen Oberamt gestraft und vom Königlichen Ministerium der Kirche und Schule auf dieser Strafe beharret; erhielt mehrere nachdrückliche Verweise durch das Königl. Decanatamt, zum Theil auf Befehl der hohen Schulbehörde; wurde in Folge einer außerordentlichen, durch den Decan auf hohen Befehl vorgenommenen Schulvisitation auf eine geringere Filialstelle versetzt, und verdient ganz das vom Pfarramt Erzingen ausgestellte Zeugniß

Balingen	Königl. Decanatamt
28. Nov. 1843	K. Dec.

Der so beurteilte Schulmeister S. zog am 10. November 1843 mit seiner Familie im Radelstetter Schulhaus ein. Seine Versetzung bot ihm die Möglichkeit zu einem neuen Anfang. Im Februar 1844 gab der Kirchenkonvent

Radelstetten auf eine Anfrage des Pfarramt einstimmig die Erklärung ab, daß man mit seinen Leistungen als Schulmeister und Mesner bisher vollkommen zufrieden sey. Nachdem der Kirchenkonvent noch Ende April 1845 die Zufriedenheit mit seinen Leistungen zu erkennen gegeben hatte, muß doch sehr rasch eine Änderung eingetreten sein. Etwa zweieinhalb Monate später kam es, wie ein kurzer Vermerk zeigt, zu einer Versetzung: „Ist am 3. Juli 1845 von hier nach Huzenbach abgezogen."

Bereits am 19. Juli des gleichen Jahres mußte sich der Konvent aufs neue mit ihm befassen, denn der Schulmeister war auf seine Bitte hin von Huzenbach aus wieder nach Radelstetten ernannt worden! Diese Rückversetzung fand, wie sich sofort in der Sitzung zeigte, keinen Beifall: „Der Kirchen-Convent ist übrigens der Meinung, daß es keine guten Folgen haben werde, wenn S. wieder die hiesige Schulstelle zu versehen hätte, und er dadurch seine Achtung vollends verliere. Der Convent vereinigt sich daher zu dem Beschluß, daß eine Bitte an die hohe Schulbehörde eingereicht und der Wunsch in derselben ausgedrückt werde: man möchte die hiesige Gemeinde mit diesem Lehrer verschonen und ihm eine anderweitige Versorgung ausmitteln." Die hohe Schulbehörde nahm ihre bereits ausgesprochene Ernennung nicht mehr zurück, und so ist Schulmeister S. schon am 3. August 1845 „von Huzenbach wieder hier aufgezogen".

Der nun wieder in Radelstetten tätige Lehrer S. legte Ende Oktober 1845 dem Stiftungsrat die Bitte vor „daß ihm aus dem Grunde seiner körperlichen Gebrechlichkeit und des bevorstehenden Austritts seiner Kinder aus dem elterlichen Hause, die Meßnerei abgenommen und ein anderer dazu geeigneter Mann mit diesem Geschäfte beauftragt werden möchte". Darauf erfolgte der Beschluß, „dem Schulmeister zu eröffnen, daß man in diesen Antrag nicht einzugehen vermöge, in dem der Meßnerei-Gehalt einen namhaften und wesentlichen Theil der Schulbesoldung ausmache und es auch wegen der Consequenz nicht thunlich seye; und ihm, dem Schulmeister übrigens unbenommen bleibe, auf seine Kosten einen zur Verrichtung dieses Geschäfts tauglichen Gehülfen anzunehmen, und daß dieses geschehe, dem Stiftungsrath sogleich Anzeige zu machen."

Vier Monate später lösten sich für beide Seiten alle Schwierigkeiten, denn die hohe Behörde hat ihm „eine anderweitige Versorgung ausgemittelt" und versetzte ihn am 26. Februar 1846 auf die kleine Schulstelle in Frutenhofen Dekanat Freudenstadt.

Bereits am 1. März nahm ein Amtsverweser den Unterricht an der Radelstetter Schule auf. Seine Schulleistungen waren nicht zu beanstanden, wohl aber sein Mesnerdienst. Von einigen Mitgliedern des Kirchenkonvents wurde im Herbst des folgenden Jahres vorgebracht, „daß die Uhr nicht immer gehörig gerichtet und aufgezogen und überhaupt die Meßnerei nicht pünktlich genug versehen werde."

Als Aufsichtsbehörde über die niederen Kirchendiener, zu denen außer dem Totengräber und dem Leichensager auch der Mesner zählte, verfügte das Radelstetter Gremium pflichttreu und selbstbewußt: „Über diesen Übelstand ist Schulamtsverweser in Kenntnis zu setzen und ihm zu eröffnen, daß man von ihm eine pünktliche Verrichtung in dieser Beziehung erwarte." Der Schulamtsverweser, dem dieses Protokoll zur Unterzeichnung vorgelegt wurde, fügte seiner Unterschrift den Vorbehalt bei: „Obiges mit der Bemerkung, daß der Lehrer zwar Meßmer, aber nicht Uhrenmacher sey, und daß der Gemeinderath längst wisse, warum die Uhr nicht gehe."

Die Mesnerei war bei den Schulmeistern nicht besonders beliebt. Damit aber die Lehrer an den kleinen Filialschulen, die nur wenige Kinder besuchten, über ein ausreichendes Einkommen verfügten, mußte der Mesnerdienst mit der Schulstelle verbunden sein.

Im Gebiet der Reichsstadt Ulm wollte man schon im Reformationsjahr 1531 beide Aufgaben in manchen Landorten miteinander verbinden. So war vorgesehen, in Nellingen, Scharenstetten, Radelstetten und an weiteren Orten, Schulmeister vom Einkommen der Mesnerämter zu unterhalten. Im Jahr 1558 wurde der Vorschlag des Ulmer Superintendenten Rabus für das ganze reichsstädtische Gebiet angenommen und überall der Schuldienst mit der Mesnerei verbunden.

Auch in Württemberg erfolgte diese Vereinigung von Schul- und Mesneramt zur Zeit der Reformation. Vor 1534 waren die Mesner mehr oder weniger reichlich, hingegen die Schullehrer nur sehr spärlich entlohnt worden.

Im Königreich Württemberg verfügte im Jahr 1807 ein Erlaß, daß die Trennung von Mesnerei und Schulstelle „nicht ohne besondere Ursache" erfolgen darf, sondern vielmehr zur Verbesserung des Einkommens der Schulstellen auf dem Lande überall eine Vereinigung anzustreben sei.

Bei den Schulmeistern aber machten sich gegen die herkömmlichen Mesneraufgaben immer deulichere Vorbehalt bemerkbar. Seit Generationen hatte es zu den Dienstverrichtungen der Mesner gehört, die Kirchen zu öffnen und zu schließen, die Reinigung zu besorgen, die Kirchengefäße aufzubewahren, zum Gebrauch herzurichten und rein zu halten. Außerdem waren für jeden Gottesdienst die nötigen Vorbereitungen zu treffen, zu läuten, Altar-, Kanzel- und Taufsteingedeck aufzulegen, die Liednummern aufzustecken und für die Erhaltung der Ordnung in der Kirche zu sorgen. Ferner hatte der Mesner den Geistlichen bei seinen amtlichen Verrichtungen, bei Haustaufe und Krankenabendmahl zu begleiten und Personen, die der Geistliche als Pfarrer oder Seelsorger zu sprechen wünschte, vorzuladen. Inzwischen waren manche dieser Mesnergeschäfte der Stellung des Schulmeisters nicht mehr angemessen und auch für seinen Unterricht sehr hinderlich. Darum hat das

Konsistorium die Pfarrer angewiesen, darauf hinzuwirken, daß den Schulmeistern solche Mesneraufgaben abgenommen wurden, die ihren Unterricht
störten.

Streiflichter aus einem Lehrerleben.

Trotz ihrer angegriffenen Gesundheit unterrichteten im letzten Jahrhundert
viele Landschulmeister in den kleinen Dörfern um ihres Auskommens willen
oft noch im fortgeschrittenen Alter. Im Jahr 1831 stellte der Dekan beim
Lehrerwechsel in Scharenstetten fest, daß der „unmittelbare Amtsvorfahrer,
ein indolenter und ganz kenntnißarmer Mann, leider eine lange Reihe von
Jahren hindurch" im Ort Schulmeister war und seine Schule in einem er-
bärmlichen Zustand hinterlassen hat. Der junge Schulmeister Kienzle mußte
nun einen ganz neuen Grund legen, und er gab sich redlich Mühe. Wie der
Ortspfarrer nach den ersten Schulbesuchen überzeugt war, „wird durch ihn
die Schule bald eine andere erfreuliche Gestalt gewinnen".

Was aber nur durch eine ruhige Aufbauarbeit allmählich zu erreichen war,
wolle er zu schnell und durch übertriebene Strenge erzwingen. Er stieß damit
bei vielen Eltern auf heftigen Widerstand. Als erste Schwierigkeiten auftraten,
wandte er sich bekümmert an den Herrn Dekan: „Verzeihen Sie doch gütigst
dem unterthänig Unterzeichneten, daß er es wagt mit ihnen zu reden, wie das
Kinde mit dem Vater. Aber an wen sollte ich mich halten können und dürfen,
wenn Sie sich mein nicht erbarmen."

Dann berichtete er, wie er bald nach seiner Ankunft im vorigen Jahr mehrere
Schüler, „worunter auch Verwandte des Herrn Schultheißen waren", wegen
begangener schändlicher Untaten „mit 2 Datzen bestrafte, worüber sich
gewiß kein vernünftiger Vater beklagt haben würde". Schon am Sonntag darauf wurde er deswegen vor den Kirchenkonvent zitiert und „als der größte
Verbrecher dargestellt und recht geputzt". Außerdem klagte er über schlechtes Krautland, das man ihm zuteilte und spät geliefertes Schulholz, das noch
grün war und über eine schon lange und oft versprochene Rinne ans
Schuldach, die noch immer fehlte, „wie nothwendig auch eine solche für
unsere wasserarme Alp ist". Zu dieser Zeit gab es nämlich in den Albdörfern
noch kein Trinkwasser aus der Albwasserversorgung; mit dem Bau wurde erst
1870 begonnen. Vorher war man auf das vom Hausdach gesammelte
Regenwasser angewiesen. Um seine Lage noch deutlicher zu zeigen, fügte er
hinzu: „Diesen Frühling drohte ich einen faulen Schüler in eine Classe rück-
wärts zu versetzen, wofern er sich nicht bessere. Da tobte seine Mutter am

Schulhaus vorbei und schrie: den Schulmeister muß man nur recht drücken, wo man ihn kann, dann kann er wieder hin, wo er herkam."

Nachdem er sein Leid geklagt hatte, bat er zum Schluß: „Verzeihen Sie gütigst, daß ich so lange geredet habe. Ich wollte es Ihnen ja nur im festesten Vertrauen auf HochDero Güte und Liebe offenbaren, damit Sie daran erkennen, wie wohlthuend und nöthig mir Ihre gütigste kräftig haltende Hand sey, deren ich mich auch für die Zukunft zu würdigen bestreben werde."

Fünf Jahre später, 1837, hatte sich die Lage weiter zugespitzt. Der Dekan bemerkte in einem Bericht dazu: „Die übertriebene Strenge führte Klage über Klage von Seiten der Eltern herbei, während der Schulmeister über die Gleichgültigkeit der letzteren und über ihr Unvermögen, den Kindern zu Haus nachzuhelfen, bitter sich beschwerte. So entstanden fortwährend Reibungen zwischen ihm und den Gemeindegliedern, denen er bey seiner heftigen Gemüthsart auf keine Art und Weise auszuweichen wußte, was natürlich seiner bisherigen Wirksamkeit störend und hemmend in den Weg treten mußte." Anzuerkennen war, daß er dennoch seine Schule merklich vorangebracht hat. Der Dekan war auch überzeugt, „daß er an einem andern Orte und unter anderer Umgebung ungleich mehr leisten würde". Er betonte ausdrücklich: „An theoretischem Wissen fehlt es ihm nicht. Er hat gute Schulkenntnisse, und ist besonders ein recht guter Sänger und Orgelspieler, dabei aber ein unpraktischer und rechthaberischer Mann, der sich in dieser Beziehung schon viele Fehler hat zu Schulden kommen lassen." Seine Beurteilung schloß: „Indessen steht zu hoffen, daß so manche beugenden Erfahrungen, die er in Scharenstetten bisher hat machen müssen, nicht ohne wohlthätigen Einfluß auf ihn werden geblieben seyn."

Da die Schulmeisterfamilie unter den fortwährenden Anfeindungen und Spannungen litt, bewarb sich Kienzle um den Knabenschuldienst in Lorch. Seinem Gesuch lag dieser Begleitbrief bei:

> Hochwürdiger Herr Decan!
>
> Unterthänigst Unterzeichneter bittet HochDero um gütigste Nachsicht, daß er es wagt, durch Gegenwärtiges beschwerlich zu fallen. So fest mich einzelne Verhältniße, und namentlich auch das Band der Freundschaft, die ich vom größten Theil meiner Herren Vorgesetzten und Collegen genieße, bisher hier anbanden, und so sauer mich dieser Schritt ankommt, so muß ich ihn dennoch wagen. Ich fühle alle Tage deutlicher und beißender, daß ich in Scharenstetten nicht länger bleiben kann, ungeachtet ich hoffen dürfte, daß wenigstens nur auch etwas meines hiesigen Wirkens anerkannt werden möchte. Ich fühle, daß ich zusammt meinem Fleiße in der Schule eine wahre Gemeindelast bin, und daher je bälder, je lieber aus Scharenstettens Augen wandern dürfte. Deßhalb

ist mir jede anderweitige Anstellung, sofern Gottes Himmel noch über mir ist, wenn das Einkommen auch nur ganz gleichbedeutend mit dem hiesigen ist, angemessen und erwünscht. Daher möchte ich Euer Hochwürden unterthänigst um günstigen Beybericht und um gütigste Weiterbeförderung der Bitte oder um die gütigste Erlaubniß, selbst eine Reiße deshalb nach Stuttgart unternehmen zu dürfen, bitten.

Mit tiefster Ehrfurcht verharret
Euer Hochwürden

Scharenstetten,   unterthänigster Diener
d. 23ten November 1837   Schulmeister Kienzle.

Der Dekan unterstützte das Gesuch mit dem Bemerken, den „Bittsteller, wenn auch nicht auf die Stelle, die er sucht, doch auf eine andere, seiner gegenwärtigen an Gehalt gleichkommenden in thunlichster Bälde gnädigst versetzen zu wollen". Seine Versetzung wäre nämlich „höchst wünschenswerth, da er theils durch zu große Strenge gegen die Kinder, theils durch unkluge Ausfälle gegen die Eltern die ganze Gemeinde allgemach dergestalt gegen sich aufgebracht, daß er auf alle Fälle in Scharenstetten in die Länge nicht mehr wird bestehen können". Die gegenseitige Verbitterung war im Laufe der Jahre so groß geworden, daß sich der Dekan für verpflichtet hielt, „eine Translokation" auf eine andere Schulstelle „angelegentlichst" zu erbitten.

Schon Mitte Dezember 1837 ereichte den Dekan der nächste ausführliche Brief des Schulmeisters, in dem er wegen seiner „von allen Seiten her unbegreiflich bestürmten Lage" eine Veränderung herbei wünschte. Es bleibe ihm keine andere Wahl, da nun auch seine „bisherige einzige Stütze unter den Menschen, der Herr Pfarrverweser", mit ihm gebrochen habe. Er könne es ihm nie recht machen, denn bald sei er zu streng und verlange viel, bald sei er zu grob oder lasse sich zu tief herunter.

Seine Enttäuschung über das jetzt so gespannt Verhältnis war groß, denn seit der Ankunft des Pfarrverweser Mitte Mai, bestand ein gutes Einvernehmen. „Mein Herr Kienzle", berichtete der Pfarrverweser in seinem ersten Brief aus Scharenstetten an seinen Vater, den Dekan von Blaubeuren, „begleitet mich auf meinen Exkursionen in die Umgebung". Im Spätherbst hatte sich dann auf seine Einladung hin der Scharenstetter und Radelstetter Schulmeister an den Abenden im Pfarrhaus zum Kartenspiel um ein Bier getroffen. Schulmeister Kienzle, der beim Spiel wenig Talent zeigte und fast jedesmal alles hätte bezahlen müssen, kam dennoch nicht zu Schaden. Seine Spielpartner waren großzügig, bezahlten ihr Bier selbst, und er nahm ihre Noblesse an!

Diese Scharenstetter Abendunterhaltungen blieben natürlich auf die Dauer auch dem Herrn Dekan nicht verborgen. Darum betonte der Pfarrverweser in seinem nächsten Brief an den Vater ausdrücklich, daß „immer umsonst" gespielt wurde. Als gehorsamer Sohn gab er zu : „Sosehr ich vielleicht diesen

Schritt mit meiner isolierten Lage entschuldigen könnte, so sehe ich doch ein, in diesem Punkte zu weit gegangen zu sein." Und er beteuert: „ich werde mir diese gemachten Erfahrungen wohl zu Herzen nehmen."

Die von Schulmeister Kienzle gewünschte und vom Dekan erbetene Versetzung kam damals nicht zustande, denn er hatte bisher noch kein Beförderungsexamen abgelegt. Im März 1838 entschloß er sich dazu und bat untertänigst, sein Gesuch mit einem freundlichen Schreiben an die allerhöchste Behörde gelangen zu lassen.

Wie sich noch zeigen wird, konnte damals die wirtschaftliche Lage einer Schulmeisterfamilie in den kleinen Landorten recht bedrückend sein. Man sprach nicht ohne Grund vom „armen Dorfschulmeister"; das war nicht nur eine Redensart. Sein Einkommen lag oft nur wenig über dem eines Tagelöhners, und eine Bauerntochter hat fast nie einen Dorflehrer geheiratet.

Die Suche nach einer besser besoldeten Stelle, möglichst in einer Kleinstadt, war nach entsagungsvollen Jahren auf dem Lande mehr als verständlich. Doch die Voraussetzung für eine aussichtsreiche Bewerbung um eine solche Stelle war eine gute Zeugnisnote im Beförderungsexamen. Trotzdem aber hat sich manche Versetzung sehr in die Länge gezogen und den Bewerber fast mutlos gemacht.

Nachdem Schulmeister Kienzle zum Examen zugelassen war, suchte er beim Dekan um „8 Tage Vacanz" nach. Da er auf seiner Reise nach Stuttgart den Weg über seinen Geburtsort Esslingen machen mußte, wollte er bei dieser Gelegenheit seine Verwandten besuchen. Er wünschte, einige Tage bei ihnen verweilen zu dürfen, weil er nicht hoffen konnte, „die Reise so bald wieder zu machen (pecuniarum causa)".

Sein Examen Mitte Juni verlief gut und fand einen erfolgreichen Abschluß. Darauf deutet ein Erlaß vom Oktober 1838 hin. Das Dekanatmat durfte nämlich dem Schulmeister eröffnen, „daß ihm die Bildung von Schulamts-Zöglingen unter Mitwirkung des Pfarrers und Aufsicht und Leitung des Schulkonferenz-Direktors hiemit gestattet werde". Wenige Wochen danach erreichte ihn sogar eine Anerkennung. Das Dekanatamt erhielt den Auftrag, ihm „wegen des Fleißes, wodurch er die Schule in den beiden letzten Jahren gehoben hat, die Zufriedenheit der evangelischen Synode unter dem Anfügen zu erkennen zu geben, man erwarte von ihm, daß er sich durch fortgesetzten Eifer und gute Schulzucht ferner um die Schuljugend verdient machen werde."

Nun konnte er hoffen, daß er mit einem seiner nächsten Gesuche um Beförderung endlich Gehör finden werde. Doch die Zeit verstrich, ohne daß es zum Wechsel kam. Da seine Lage inzwischen noch mißlicher geworden war, wagte er es, über das Dekanatamt Blaubeuren und das Generalat Ulm eine ausführliche Bittschrift direkt an den württembergischen König zu richten!

Der Stil seines Schreibens wirkt heute befremdlich, der Inhalt aber vermittelt einen Einblick in die dürftigen Lebensverhältnisse eines Dorflehrers in damaliger Zeit. Er schrieb:

„Der allerunterthänigst Unterzeichnete wagt die ehrfurchtsvollste Bitte, falls seine frühere Bitte um die allergnädigste Beförderung auf den bis jetzt noch erledigten Knabenschuldienst in Geislingen nicht den gewünschten Erfolg gewähren möchte, um die huldvollste Übertragung des Schuldienstes in Seißen, diesseitigen Decanats.
Kienzle.

Anschließend trug er die Begründung seines Anliegens vor:

Eure Königliche Majestät

wollen dem allerunterthänigst Unterzeichneten allergnädigst verzeihen, daß er sich abermals erkühnt, eine ehrfurchtsvollste Bitte um die allergnädigste Übertragung des Schuldienstes in Seißen Dekanats Blaubeuren, einzureichen.

Eingeschüchtert durch die vielen nutzlosen Bemühungen um beßere Stellen, als die hiesige ist, kann ich fast nicht ins Reine kommen, ob ich etwa mit dem Promotionszeugniß „durchaus gut", welches ich im vorigen Jahr erhielt, zu häufig und daher allzu lästig mit meinen Wünschen werde, oder ob meine Ansichten zu hoch gestellt wären, daß sie unberücksichtigt bleiben müßten. Es konnte mir auch keiner meiner Herren Collegen sagen, wie oft ich mich etwa melden dürfte, um nicht in Ungnade zu fallen."

Dann nannte er seine Gründe, die er bei seinen vergeblichen Bemühungen um andere Stellen „sich allerunterthänigst vorzulegen schon vielfach unterstund". Er erwähnte seine Erfahrungen und Fertigkeiten, die er im Laufe seiner Dienstzeit von 22 1/2 Jahren als Lehrer sammeln und erwerben konnte. Er wies auf die „Zufriedenheits-Erklärung der obersten Schulbehörde" hin und auf sein „geringfügiges Diensteinkommen", das für die Versorgung seiner Familie mit drei kleinen Kindern und seiner alten Mutter nicht ausreichte, auf seine Schuldenlast und auf die fehlenden Möglichkeiten, in Scharenstetten einen Nebenverdienst zu erzielen. Freimütig gab er seine „Unkunde im Feldbau" zu, sowie seine „Mittellosigkeit, um Grundstücke ankaufen zu können" und verschwieg auch nicht, daß für ihn ein Umzug in die nähere Umgebung „wenig kostspielig" sein würde.

Zum Schluß beteuerte er:

> „In Erwartung der allergnädigsten Willfahrung meiner
> allerunterthänigsten Bitte verharre ich im tiefsten
> Gefühle der Ehrfurcht
> > Euer Königlichen Majestät
> > allerunterthänigster Knecht
> > Schulmeister Kienzle."

Bevor sein Gesuch in Stuttgart angekommen war, traf ein Versetzungserlaß des Königlich evangelischen Konsistoriums in Blaubeuren ein und ordnete an:

> „Das Dekanatamt hat dem Schulmeister Kienzle in Scharenstetten zu eröffnen, daß man ihm den Knabenschuldienst zu Geislingen übertragen habe, und ihn anzuweisen, seine neue Stelle am 24. Oktober 1839 anzutreten."

Die „Erlösungs-Stunde"

Auch der letzte Briefwechsel schildert das beharrliche Bemühen eines Dorflehrers um eine bessere Stelle. Die Antwort auf seine erste Bittschrift war ent-
täuschend. Das Dekanatamt hatte ihm nämlich zu eröffnen, „daß man ihm
erlaubt haben wolle, sich um Schuldienste von gleichem Einkommen zu melden".

Es handelte sich demnach um Stellen mit einem jährlichen Einkommen von
15o Gulden. Filialschulmeister Reitz von Radelstetten, dem Ende November
1830 diese Nachricht zugekommen war, entschloß sich danach zu einer persönlichen Vorsprache beim Konsistorium. Ein Stellenwechsel war ihm so
wichtig, daß er mitten im Winter, in den Weihnachtsferien 1830, die Reise zu
Fuß wagte!

Ehe er sich aufmachte, ließ er durch einen Boten das folgende Schreiben
nach Blaubeuren überbringen:

> Hochwürdiger,
> Hochzuverehrender Herr Dekan!
>
> Eingezogenen Nachrichten zufolge, ist der Weg von Blaubeuren bis
> nach Stuttgart, besonders über die Fildern, zur wirklichen Jah-
> reszeit, für einen Fußgänger äußerst schlecht. Ich habe mich zu
> dem Ende entschlossen, meine Reise nicht über die genannten
> Orte, sondern über Geislingen, Göppingen usw. zu machen, wo ich
> zuverläßig, neben einer guten Straße, auch auf Gelegenheit zum
> Fahren, rechnen darf.
>
> Ich wage es nun Euer Hochwürden hiemit die betreffenden Zeug-
> niße durch einen eigenen Boten zuzusenden, mit der gehorsamsten
> Bitte, demselben meine Bittschrift mit Beibericht einzuhändigen.
> Ich werde nach der Zurückkunft des Boten heute noch nach Göp-
> pingen gehen.

Mit ausgezeichneter Hochachtung verharre ich

Radelstetten   Euer Hochwürden
24. Dezember 1830.   gehorsamster Diener
                                                G. Reitz, Schulmeister.

Wenige Tage nach seiner Heimkehr von diesem anstrengenden Fußmarsch an Weihnachten 1830 erlebte der bescheidene Mann eine große Freude. Dankbaren Herzens verfaßte er einen überschwenglichen Brief und berichtete gleichzeitig von seiner Reise nach Stuttgart und von der Vorsprache beim Konsistorium:

Hochwürdiger,
Hochzuverehrender Herr Dekan!
Verehrungswürdigster Gönner!

Im Bewußtsein, daß Euer Hochwürden schon so Vieles für mich gethan haben, war mein Herz immer von dem innigsten Dankgefühl durchdrungen. Auf das Höchste wurde aber dieses Gefühl gesteigert, als ich gestern das ehrenvolle Dekret erhielt, worin mir ein Gesangpreiß von 5 fl. allergnädigst zuerkannt ist. Dieses schmeichelhafte Anerkenntniß meiner schwachen Leistungen an der hiesigen und der Scharenstetter Schule habe ich einzig und allein den günstigen Berichten Euer Hochwürden zu verdanken.

Mein Innerstes ist voll, ich weiß nicht, mit welchen Worten ich meinen Dank ausdrücken soll! Möchten mir Euer Hochwürden nur erlauben, Denselben in dieser Beziehung die einzige Versicherung geben zu dürfen, daß ich mir es auf das Neue zur Pflicht gemacht habe, allen nur möglichen Fleiß auf die Bildung der mir anvertrauten Kinder zu verwenden; daß ich es mir zur Pflicht gemacht habe, auch, wenn mich die Vorsehung an einen zweiten Ort rufen sollte, auch dort, so viel in meinen schwachen Kräften steht, Gutes zu wirken. Überzeugt, daß dieses Denselben und unserem allergnädigsten König der angenehmste Dank eines treuen Dieners ist, verlasse ich diesen Gegenstand und erlaube mir Euer Hochwürden einige Bemerkungen über meine letzte Reise nach Stuttgart mitzuteilen.

Ich kam am 27ten Dezember vorigen Jahres abends in Stuttgart an und ging am 28ten morgens 8 Uhr zu Sr. Hochwürden Magnificenz, dem Herrn Prälaten d´Autel, wo ich sehr gnädig empfangen wurde. Nachdem er meine Papiere durchsehen hatte, sagte er, er wolle die Sache dem Consistorium vorlegen. Ich wagte es nun mich nach einigen Schuldiensten zu erkundigen, vorzugsweise nach Bernloch, Diözese Münsingen, worauf er mir dann antwortete: Bernloch ist nicht für Sie, indem es nicht viel über 150 fl. trägt, auch Gelbingen ist nicht sonderlich gut, doch bedeutend besser als Bernloch; ich würde es gerade bei dieser Bittschrift bewenden lassen. Schließlich entließ er mich noch mit der ausdrücklichen Versicherung, meine Bitte zu unterstützen.

Was nun geschehen wird, weiß ich nicht, doch hoffe ich das Beste!

Mit ausgezeichneter Hochachtung werde ich immer sein

Euer Hochwürden
dankschuldigster, gehorsamster
Diener

Radelstetten
17ter Januar 1831.

G. M. Reitz, Schulmeister.

Seine Bitte um eine Beförderung ging nicht in Erfüllung. Er mußte sich nach wie vor mit der bisherigen Schulstelle und dem kärglichen Lohn von 150 Gulden im Jahr abfinden.

Als im Juli 1835 die Stelle des Radelstetter Stiftungspflegers neu zu besetzen war, bewarb er sich darum. So hätte er zusätzlich einen kleinen Verdienst erzielen können.

Das Konsistorium ließ ihm daraufhin vom Dekanatamt eröffnen, „daß man die Stelle eines Stiftungspflegers, mit welcher ein Sitz im Stiftungsrath und Kirchenconvent verbunden ist, mit der Stellung des Schulmeisters zu seinem Pfarrer nicht vereinbar finde, und deshalb seinem Gesuch um Übernahme derselben nicht zu willfahren wisse." Nach diesem Bescheid berief er sich in einem weiteren Gesuch darauf, daß die bisherigen Stiftungspfleger sich nicht als „Stiftungsraths- und Kirchenconvents-Mitglieder betrachtet haben und auch er auf gleiches verzichten wolle".

Die Antwort des Königlich evangelischen Konsistoriums erfolgte sehr schnell und stellte die Rechtslage klar. Es teilte mit:

„Da jedoch der Stiftungspfleger gesetzliches Mitglied des Kirchenconvents und des Stiftungsraths ist, und das evangelische Consistorium etwas Gesezwidriges nicht zu unterstützen weiß, so hat es bei dem Erlaß vom 14. vorigen Monats sein Bewenden.
Stuttgart, den 4. August 1835."

Diese enttäuschende Nachricht zwang ihn dazu, unverweilt nach einer anderen Lösung zu suchen. Um seine Familie ausreichend zu ernähren, war er dringend auf weitere Einnahmen angewiesen. Er nützte nun seine Kenntnisse in Gartenbau und Obstbaumzucht und konnte damit einen bescheidenen Nebenverdienst erzielen.

Schließlich gelang ihm der Erwerb kleiner Grundstücke, auf denen er neben seinem Schuldienst Landwirtschaft betrieb. Doch dieser Grundbesitz, der zur Versorgung seiner großen Familie unentbehrlich war, erschwerte den Wechsel auf eine einträglichere Stelle. Als sich für ihn eine günstige Gelegenheit bot, verfaßte er wieder eine Bittschrift und fügte die erforderlichen Papiere bei. Allerdings fehlte ein Zeugnis über die erfolgreiche Teilnahme am Beförderungsexamen. Sein pfarramtliches Zeugnis hingegen ließ keine Wünsche offen, denn

> „Der Unterzeichnete bezeugt hiemit, nach der Wahrheit, daß Reitz, seit 17 Jahren Schulmeister in Radelstetten, sich während seiner Dienstzeit durch Fleiß, Eifer und Lehrtüchtigkeit hervorgethan und seine Schule durch zweckmäßige Disziplin und humane Behandlungsart der Kinder in einem guten Zustand erhalten hat. Es wird demselben zugleich auch bezeugt, daß er nicht nur einen musterhaften Lebenswandel führt, einen gesetzten Charakter und einen natürlich guten Verstand besitzt, wodurch er sich im Umgang mit Gebildeten ungezwungen zu benehmen weiß, sondern auch tüchtige Kenntnisse, welche er stets zu vermehren sucht, unerachtet die Zeit dazu ihm kärglich zugemessen ist." Darum fuhr der Schreiber fort:

> „Mit bestem Wissen und Gewissen kann daher der Unterzeichnete diesen tüchtigen Schullehrer, dessen Amts-Thätigkeit schon im Jahr 1828 und 30 durch Ertheilung eines Prämiums von der obersten Schul-Behörde anerkannt worden ist, zur Beförderung empfehlen, welche ihm wegen seiner Lehrtüchtigkeit und seiner bedrängten Lage sehr zu wünschen wäre."

> Dann erlaubte sich der Unterzeichnete noch, „die Versicherung beizufügen, daß voraussichtlich jede Gemeinde mit diesem Lehrer zufrieden seyn werde, in sofern er außer den erforderlichen Schul-Kenntnissen auch vielseitige Erfahrungen und Fertigkeiten in der Landwirtschaft besitzt, namentlich in der Obstbaumzucht und in dem Gartenbau, wodurch er bei den Gemeinde-Angehörigen einen wesentlichen Nutzen zu stiften im Stande ist."

Schulmeister Reitz konnte sich kein besseres Zeugnis wünschen! In gespannter Erwartung reichte er eine neue Bewerbung ein. Doch die Antwort darauf bereitete ihm eine neue Enttäuschung! Auch diese glänzende Beurteilung konnte das fehlende Beförderungsexamen nicht ersetzen.

Da seine wirtschaftlichen Schwierigkeiten ständig zunahmen, machte er sich in den Heuferien 1842 wieder auf den Weg nach Stuttgart, sprach noch einmal beim Konsistorium vor und schilderte seine erbärmliche Lage. Wie er danach dem Dekan berichtete, erhielt er „von Sr. Hochwürden dem Herrn Ober-Consistorial-Rath S. die Zusicherung" daß man ihn „vom Promotions-Examen ausnahmsweise dispensiren und ihm erlauben wolle, sich um eine Schulstelle auf dem Lande mit einem Einkommen von 300 bis 350 fl. melden zu dürfen". Dazu bekam er noch den Rat, schriftlich um die Befreiung vom Beförderungsexamen zu bitten.

Er faßte erneut Mut, richtete ohne Zögern eine entsprechende Eingabe an die „Hochpreißliche Oberschul-behörde" und fügte ihr die gehorsamste Bitte an den Herrn Dekan bei, sein Gesuch „mit einem günstigen Beibericht gütigst zu unterstützen".

Im sachlich und wohlwollend gehaltenen Bericht des Dekans vom 28. Juli 1842 wurden seine Leistungen in der Schule als „recht gut" gewürdigt und erwähnt, daß er in früherer Zeit wegen seines Schulfleißes auch eine Belohnung erhalten hatte. Da seine vielen landwirtschaftlichen Geschäfte aber schon seit Jahren seine Schularbeit erheblich beeinträchtigt hatten, machte ihn der Dekan bei der Schulvisitation darauf aufmerksam, daß er gegenwärtig nur noch die Note „mittelmäßig bis genügend" verdiene.

Die Beurteilung führte dann weiter aus: „Wenn man übrigens bedenkt, daß dieser mit Kindern überladene Mann, um sich und seine Familie notdürftig durchzubringen, außer den Schulstunden, den ganzen lieben langen Tag schwerer Handarbeit sich unterziehen muß, so kann man es fast anders nicht erwarten. Es würde gewiß bald anders kommen, wenn es ihm möglich gemacht würde, seinen Plan zu realisieren, seine Feldgüter zu verkaufen, und auf einer andern einträglicheren Stelle seiner Schule wieder ganz und allein sich widmen zu können. Es fehlt ihm weder an Kraft noch an gutem Willen, und wenn er nur erst frei von Nahrungssorgen wäre, und einzig seinem Berufe leben dürfte, so würde er, wie ich zuversichtlich glaube, in kurzem derselbe wackere Schulmann wieder werden, der er früher war."

Abschließend fügte der Dekan noch an:

> „Deswegen nehme ich auch aus aufrichtigem Mitleiden mit der bedrängten Lage, in der er trotz seiner einfachen, durchaus unbescholtenen und in fortwährenden erfolglosen Anstrengungen sich bewegenden Lebensweise sich befindet, keinen Anstand, seine Bitte zu gnädiger Gewährung zu empfehlen."

> Wie aus dem Visitationsbericht des gleichen Jahres weiter hervorgeht, hatte Schulmeister Reitz damals „zehn unversorgte Kinder und ein geringes Vermögen an liegenden Gütern".

Anfang Juli 1842 hatte das Dekanatamt dem Filialschulmeister Reitz in Radelstetten zu eröffnen, daß man ihn „aus den vorgebrachten Gründen von der Beförderungsprüfung dispensirt und ihm gestattet haben wolle, sich um Schulstellen bis zum Betrag von 300 fl. zu melden".

Erleichtert und dankbar schrieb er an den Dekan:

> Gottlob, daß ich von dem lästigen Beförderungs-Examen dispensirt bin und Aussicht habe, ohne dasselbe, auf eine bessere Stelle zu

kommen! Ihnen, Hochzuverehrender Gönner! habe ich es namentlich zu verdanken, daß durch meine Eingabe ein so günstiges Resultat erzielt wurde, und so nehmen Sie denn auch den innigsten, herzlichsten Dank dafür!

Der liebe Gott möge es Ihnen auf das Reichlichste vergelten, was Sie schon in dem Zeitraum von 17 Jahren für mich getan haben!

Verzeihen Sie, wenn ich es wage, mich auch fernerhin Ihrem gnädigen Wohlwollen zu empfehlen.

Daß es ihn in Radelstetten hart angekommen war, im nötigen Umfang für den Lebensunterhalt seiner Familie zu sorgen, wird aus seinen eigenen Worten am deutlichsten:

„Das ganze Jahr muß ich strenger arbeiten, als der gemeinste Tagelöhner, was bereits schon sehr nachtheilig auf meine Gesundheit wirkte, und in den letzten Jahrgängen, die sehr trocken waren, fiel der Ertrag meiner Güter dann doch so gering aus, daß ich mehrmals noch für 60 bis 70 fl. Frucht jährlich für meine Familie kaufen mußte. Meine Kinder werden älter und die Auslagen für Kleider und Unterricht größer; aber meine Einnahmen vermehren sich nicht."

Ein Jahr später, im Sommer 1843, legte er, bangend und hoffend, wieder eine Bewerbung vor. Endlich war die von ihm ins Auge gefaßte Stelle frei geworden. Seinem Begleitbrief an den Dekan ist zu entnehmen, wie drückend die Bürde gewesen sein muß, die seit Jahren auf ihm lastete:

Euer Hochwürden
wage ich in der Anlage eine Bittschrift um den Schuldienst in Amstetten zugehen zu lassen, mit der gehorsamsten Bitte, dieselbe mit Zeugnißen und Beibericht versehen, in möglichster Bälde, gütigst an die hochpreißliche Oberschulbehörde gelangen zu lassen.

Schon mehrere Jahre warte ich auf diese Stelle und es liegt mir Alles daran, sie zu erhalten, denn der Ort ist nur 1 Stunde von hier entfernt und ich kann, da es mir unmöglich ist meine Güter im hiesigen, kleinen Dörfchen auf einmal losschlagen zu können, sie von dort aus nach und nach verkaufen, daher ich mich auch nie um einen Schuldienst in der Ferne bewerben kann.

Haben Sie nun die Güte und unterstützen Sie doch mein Gesuch, ich bitte um Gotteswillen, damit mir doch auch einmal die Erlösungs-Stunde schlägt; lebenslänglich werde ich Ihnen dankbar seyn.

Seine Bewerbung um Amstetten führte rasch zum Erfolg. Die „Erlösungs-Stunde" hatte geschlagen!

Noch vor seinem Umzug schrieb er Ende Juli 1843 einen letzten, ehrerbietigen Brief nach Blaubeuren:

> Hochwürdiger,
> Hochzuverehrender Herr Decan!
>
> In der Überzeugung, daß Euer Hochwürden es mir nicht verargen werden, wenn ich dem Drange meines Herzens folge, wage ich es Ihnen durch diese Zeilen meinen innigsten, herzlichsten Dank für die Verwendung bei der Königlich Hochpreißlichen Oberschul-Behörde in Beziehung auf den Schuldienst in Amstetten darzubringen.
>
> Möge der gütige Vater im Himmel es Ihnen im vollsten Maaße lohnen, was Sie an mir und für mich in dem Zeitraum von 18 Jahren gethan haben! Möge er Ihnen Gesundheit, Glück und Segen, im weitesten Sinn des Worts, schenken! Ich gebe Ihnen das heilige Versprechen, daß mein eifrigstes Bestreben von nun an dahin gehen soll, unter Gottes Beistand alle meine Kräfte anzuwenden, um den Anforderungen meines mir so theuren Amtes Genüge zu leisten.
>
> Ich war entschlossen, Ihnen noch vor meiner Abreise meinen Dank mündlich darzubringen, allein mein Güterverkauf, die Vermeßung der Grundstücke, die Umsetung der Zieler, die Beaufsichtigung des Bauwesens im Schulhaus in Amstetten, die Zurichtung zum Zug u.s.w. machen mir es zur Unmöglichkeit noch während meines Hierseyns einen Tag zu einer Reise nach Blaubeuren zu erübrigen. Da in der nächsten Zeit die Ernte-Vakanz eintritt, so werde ich so frei seyn und Ihnen von Amstetten aus einen Besuch abzustatten.
>
> Indem ich um Ihr ferneres Wohlwollen bitte, bin ich mit ausgezeichneter Hochachtung
>
> Euer Hochwürden
> gehorsamster Diener,
> Radelstetten,   G. Reitz.
> den 29ten Juli 1843.

Damit endet sein Briefwechsel mit seinem verehrten Gönner.

Am 8. August 1843 zog die große Schulmeisterfamilie im Amstetter Schulhaus ein. Endlich waren die jahrelangen Sorgen um einen ausreichenden Lebensunterhalt gemildert, doch knapp ging es immer noch her. Da kam es für ihn wie gerufen, daß ihm im Jahr 1847 der Stiftungsrat die Aufgabe des „Kirchenmusik-Direktors" übertrug. Dadurch mehrten sich seine jährlichen Einnahmen um 8 fl. 45 kr., die er für seine inzwischen noch größere Familie dringend benötigte. Von seinen 20 Kindern stammten 18 aus der zweiten Ehe, 12 blieben am Leben. Er hatte schon nach 3 1/2 Ehejahren im Jahr 1829 seine erste Frau verloren, und im Sommer 1853 verstarb dann im Alter von 47 Jahren auch seine zweite Frau.

Im Jahr 1856 verließen zwei Söhne die Heimat und wanderten im Alter von 20 und 30 Jahren nach Amerika aus. Ein Jahrzehnt später nahmen im Frühsommer 1866 noch zwei seiner Kinder, der 28jährige Carl Heinrich und die 21 Jahre alte Tochter Agathe, von ihrem alten Vater Abschied und traten ebenfalls die weite Reise nach Amerika an.

Schon im folgenden Jahr ist Georg Michael Reitz, nach 24 Jahren Schuldienst in Amstetten, am 17. Dezember 1867, drei Tage nach seinem 67. Geburtstag, an Nervenfieber verstorben.

Gut ein halbes Jahrhundert zuvor war der in Untersontheim geborene Nachfahre einer Schwäbisch Haller Salzsiedersfamilie auf seinen künftigen Beruf vorbereitet worden. Sein Ortspfarrer hat sich um den wißbegierigen Jungen angenommen und ihm zusammen mit dem Kantor von Obersontheim Privatunterricht erteilt. Anschließend ging er bei einem Präzeptor in Gaildorf drei Jahre lang als „Schulincipient in die Lehre". Nach einem guten Examen begann im Jahr 1821 sein Berufsweg als Provisor in Sulzdorf, wo sein Stiefvater Schäfer war. Schon nach vier Monaten wurde ihm die Filiallehrerstelle in Cröffelbach übertragen, und 3 1/2 Jahre später hat ihn das Konsistorium auf die Schwäbische Alb versetzt. An der kleinen Filialschule von Radelstetten mußte er von 1825 bis 1843 bleiben. Danach bekam er die bessere Stelle in Amstetten.

Dorfschul-Idylle?

Oft bestimmt heute eine stark gefühlsbetonte Vorliebe, die man sich nicht verhehlen sollte, die Vorstellung von der Biedermeier-Zeit mit. Wohl mag einst das Zusammenleben im Dorf geselliger gewesen sein als heute, die wirtschaftlichen Verhältnisse jener Zeit aber waren wenig erquicklich. Auch Dorfschulen und das Leben der Schulmeister waren, wie sich vorher gezeigt hat, alles andere als eine Idylle.

Im Iuni 1826 fand in Scharenstetten Schulvisitation statt, dabei machte der Blaubeurer Dekan die Ortsvorsteher auf den höchst elenden Zustand ihrer Schulstube aufmerksam. In seinem Visitationsbericht ist zu lesen:

> „Dieselbe ist so nieder, daß ein Mann (von seiner Größe) kaum
> noch aufrecht darin gehen kann, und so eng, daß die Kinder wie

Häringe auf einander geschichtet sind, und daß z.B., wenn am Visitationstag dictirt geschrieben werden solle, die ganze eine Hälfte der Kinder fortgeschickt werden muß, nur damit die andern Raum genug gewinnen, dieses Geschäft vollbringen zu können. Sie ist auch so finster, daß die Kinder, die nicht gerade an den hellsten Plätzen sitzen, zuverläßig oft kaum die Buchstaben zu unterscheiden vermögen." Abschließend stellte er fest: „Sie entspricht mit einem Worte ihrem Zwecke ganz und gar nicht, ist die schlechteste in der ganzen Diözese, und unter allem Tadel."

Die am Ende der Visitation zum Durchgang aufs Rathaus gerufenen Gemeinderäte werden über diese Äußerungen des Dekans sicher nicht erfreut gewesen sein. Daß Abhilfe nötig war, sah man ein und bekundete die Absicht, in den nächsten Jahren dafür zu sorgen. Das geschah auch.

Bei einer Schulvisitation ging es zwar nicht in erster Linie um den äußeren Zustand der Schule, der aber auch zu prüfen war, im Mittelpunkt standen dabei die Kenntnisse und Lernfortschritte der Kinder, der regelmäßige Schulbesuch, die pünktliche Behandlung der vorgeschriebenen Lernstoffe und die Lehrfähigkeit der Lehrer, die benotet werden mußte.

Eine Handreichung für die Amtspraxis gab den Dekanen zur Prüfung einer Ortsschule folgende Anleitung:

„Der Prüfungstag beginnt mit einem Gebet, das der Visitator eines der Kinder sprechen läßt. Dann überprüft er den Schulbesuch, erteilt den fleißigen Kindern das gebührende Lob und stellt die Ursachen für die Schulversäumnisse fest. Im Schultagebuch werden die Unterrichtsbesuche des Pfarrers, sein Religionsunterricht, die Eintragungen der Lehrer über die Lehrgegenstände, sowie das Verzeichnis der gelernten Lieder und die Probeschriften der Kinder kontrolliert. Danach prüft der Visitator die Kenntnisse einzelner Schüler und überläßt dann dem Lehrer den weiteren Fortgang des Examens. Es folgen Diktat, lesen, rechnen, die übrigen Fächer und Religion. Den Abschluß bildet die Überprüfung des Singunterrichts. Dann schließt ein Gebet und ein Segenswunsch für die Kinder die Schulprüfung ab."

Außer den Kindern, die an einem so ereignisreichen Tag ihren Schulweg wohl mit Herzklopfen angetreten haben, wird auch mancher Lehrer im Innersten gebangt haben. Auf dem Heimweg aber stellte sich bei den Buben und Mädchen Erleichterung und Freude ein, denn alle waren mit einer Visitationsbrezel belohnt worden! Dieser schöne alte Brauch bestand noch bis vor wenigen Jahren bei einem Besuch des Schuldekans in manchen Dörfern der Alb fort.

Nicht nur in jener Scharenstetter Schulstube, auch in manchen neueren Schulhäusern ging es einst recht eng her. Im Iuni 1845 befaßte sich der Nellinger Stiftungsrat und der Bürgerausschuß mit den örtlichen Schulverhältnissen und ihren Auswirkungen. Dem Sitzungsprotokoll sind folgende Einzelheiten zu entnehmen:

„Da die hiesigen zwei Schulzimmer, in deren jedem kaum 70 Kinder hinlänglichen Raum haben, bei einer Anzahl von 85 – 90 bisher überfüllt waren, was im Winter, wo ein Lehrer seine ganze Kinderzahl vor- und nachmittags beisammen hat, auf den Unterricht und die Schulzucht einen nachtheiligen Einfluß äußern mußte, so wurden, um diesem Übelstand zu begegnen, schon an Georgii dieses Jahres, wo von 91 Kindern des Schulmeisters 24 Konfirmanden austraten, eine weit kleinere Anzahl, als sonst, aus der Unter-Classe promovirt, so daß die Schülerzahl in der Ober-Classe auf 80 reduzirt ist, welche für die Zukunft nicht überschritten werden soll." Weiter heißt es dann:

„Weil aber hiedurch in der Unterlehrers-Classe eine weit größere Anzahl Kinder zurückbleibt, die sich über Abzug der Promovirten, nach dem Eintritt von 28 neuen Schülern auf 101 beläuft, und auch ferner um diese Summe sich drehen dürfte, so hat der Stiftungsrath beschlossen, für den Unterlehrer eine Zulage von jährlich 25 fl., und zwar 2/3 aus der Gemeinde-, 1/3 aus der Stiftungskasse, zu bezahlen, wenn von der Königlichen Oberschulbehörde die Einrichtung eines Abteilungsunterrichts in der Classe des Unterlehrers mit 6 Stunden des Winters und 5 Stunden des Sommers genehmigt würde, und diese Genehmigung in einer Bittschrift an das Königliche Consistorium nachzusuchen."

Schon Mitte Juli 1845 traf die Erlaubnis dazu ein.

Da damals Sparsamkeit nicht nur selbstverständlich, sondern oberstes Gebot war, „wurde auf den Wunsch mehrerer Mitglieder das Stiftungsraths noch die besondere Verwahrung zu obigem Beschluß gefügt, daß die für den Unterlehrer verwilligten 25 fl. eben nur unter der Bedingung und so lange gegeben werden, daß er wirklich den Abteilungsunterricht ertheilt, also wie als eine Zulage zu dessen Gehalt von 150 fl. zu verstehen seyen."

Oft genug erschwerten ungünstige Schulverhältnisse die Arbeit eines Dorflehrers; aber es kam auch vor, daß man am Schulmeister Anstoß nahm. So war es im Jahr 1843 in Nellingen. Mehrere beherzte Bürger stellten beim Pfarramt den Antrag, „es möchte vom Stiftungsrath nicht mehr gestattet werden, daß der dem jeweiligen Schulmeister als Meßmer zur Grasnuzung überlassene Kirchhof, – der unmittelbar neben dem Schulhaus lag, – von demselben zur Schafweide benüzt werde." Wie es seine Pflicht war, trat das Gremium in der nächsten Sitzung im November 1843 sachkundig in eine gründliche Beratung ein und ging dabei aus eigener Überzeugung noch über den gestellten Antrag hinaus. Es wurde beschlossen, „dem Schulmeister zu eröffnen, daß er für die Zukunft zur Sommerzeit diese Thiere nicht mehr auf dem Gottesacker laufen lassen, und ebenso auch die Gänse während des Gottesdienstes vom Kirchhof entfernt halten solle".

Damit war das Ärgernis beseitigt, und es kehrte Ordnung ein.

Daß auch im Biedermeier, jenen Jahren im Windschatten der Geschichte, das Leben nicht nur gefahrlos und beschaulich verlief, wird anschließend noch einmal deutlich:

Nach dem Ausbruch der großen Cholera-Epidemie im Jahr 1831 in Berlin erließ man auch in Württemberg Anordnungen für den Ernstfall. Der Scharenstetter Pfarrer wies in einem Schreiben an das Dekanatamt auf eine ihm darüber zugetragene Nachricht hin. Als Ortsschulaufseher sah er sich für die dann besonders betroffenen Schulmeister verantwortlich, erbat daher durch den Dekan eine Abklärung der Angelegenheit und hielt auch mit seiner Kritik am Vorgehen der Behörde nicht zurück. Er war nämlich der Überzeugung, daß nur das gemeinschaftliche Oberamt, also Oberamt und Dekanatamt gemeinsam, die Befugnis zu einem so einschneidenden Vorgehen hätte. Er schrieb:

Hochwürdiges Dekanatamt!

Gestern kam mir die unverbürgte Sage zu Ohren, daß das Königliche Oberamt den Schultheißenämtern die Weisung habe zugehen lassen, in dem Falle des Ausbruchs der Cholera die Schulhäuser zu Krankenhäuser zu benuzen, und wie sichs dann von selbst verstünde, den Schullehrern ohne Weiteres ein anderes Logis anzuweisen. Da den Pfarrämtern nichts darüber zugekommen ist, so muß ich vermuthen, daß der Befehl mit gänzlicher Umgehung des Dekanatamts gegeben und also die Form durchaus verlezt worden ist. Möge nun etwas an der Sache seyn, oder nicht, so ist schon die Möglichkeit davon für die Schullehrer, die dadurch sosehr als rechtlose Leute behandelt werden, so traurig, daß ich es wage, Euer Hochwürden gehorsam darum zu bitten, daß Dieselben an das Königliche Oberamt unumwunden die amtliche Frage machen möchten, ob wirklich so etwas angeordnet worden ist, und auf jeden Fall das Königliche Ober-Consistorium darauf aufmerksam zu machen, daß es durch Rücksprache mit der geeigneten Behörde allen Versuchen dieser Art kräftig vorbeugen möchte.

Euer Hochwürden mögen mir diese gehorsame Bitte gütigst verzeihen, und in der Wichtigkeit der Sache meine Entschuldigung finden, wenn ich mich gedrungen fühlte, meiner armen Schullehrer mich nach Vermögen anzunehmen.

In aufrichtiger Verehrung verharre ich

Euer Hochwürden
Scharenstetten,   gehorsamster Diener
29. Sept. 1831.   Pf. M. Fehleisen.

Zum Glück trat der Ernstfall nicht ein, und so blieb den Schulmeistern von Scharenstetten und Radelstetten eine Ausquartierung erspart.
Zum Schluß soll noch von einem Oppinger Filiallehrer die Rede sein:

Weil man damals die Schulhäuser auf dem Kirchengrundstück errichtete, standen sie meist unmittelbar neben der Kirche. So war es auch mit dem 1838 vollendeten ersten Oppinger Schulhaus. Als niedere Kirchendiener mußten die Dorflehrer neben andern Aufgaben vor allem den Mesnerdienst versehen. Dazu gehörte auch das Läuten der Tageszeiten; es begann bereits am frühen Morgen und endete am späten Abend.

Erst durch das Schulgesetz vom 31. Juli 1899 wurde den Lehrern die Mesnerei grundsätzlich abgenommen. Den Organisten- und Kantorendienst, den sie häufig ebenfalls versahen, machte man danach von einer besonderen Übertragung abhängig. Auch zur Ausübung der Kirchenaufsicht über die Schuljugend an Sonn-, Fest- und Feiertagen nahm man sie seitdem nicht mehr in Anspruch.

In den Jahrzehnten jedoch, aus denen diese Oppinger Überlieferung stammt, gehörte das Tageszeitläuten noch zum Mesnereigeschäft des Schulmeisters. Das war hart, denn die Läuteordnung legte das erste Morgenläuten bereits vor 5 Uhr fest!

Ein Oppinger Lehrer, den dieser frühe Dienst besonders anfocht, schaffte sich Abhilfe. Mit einer selbsterdachten Mechanik verstand er es, das Glockenseil von der Glockenstube im Turm über Umlenkrollen und Winkelhebel so zu führen, daß er das Morgenläuten von seinem Bette aus besorgen konnte!

Noch ein Blick zurück.

Wenige Briefe eines Landpfarrers, die beim Ergründen der Geschichte einer Dorfkirche auf der Alb aufgetaucht waren, gaben den Anstoß, seinen Schriftwechsel noch genauer zu verfolgen. Dabei kamen außer seinen Schreiben auch noch Briefe weiterer Landpfarrer zum Vorschein. Zusammen mit dem Schriftverkehr des Dekanatamts, den Gesuchen von Dorfschulmeistern und einer Reihe von Erlassen des Königlich evangelischen Konsistoriums vermittelten sie, wie alte vergilbte Fotographien, einen Eindruck vom mühseligen Leben jener Generation.

Blickt man aus dem Abstand von mehr als 150 Jahren auf jene Zeit zurück, erscheint zunächst vieles wie eine Idylle. Die wenigen Jahrzehnte zwischen 1815 und 1848, das Biedermeier, war eine Zeitspanne, die sich in der Behaglichkeit der häuslichen Umgebung, im Kreis der Familie und Freunde, ihre kleine geordnete Welt schuf. Dies ist eine Seite jener – unpolitischen – Epoche beschaulichen Glücks eines Bürgertums, das gerne Geselligkeit pflegte und das alle Annehmlichkeiten einer gediegenen Wohnkultur schätzte, das zugleich aber auch den Kindern und der Kindheit viel Beachtung schenkte, und das den Dingen der Erwachsenenwelt nachgebildetes Spielzeug zum wichtigsten Erziehungsmittel machte.

Sieht man jedoch genauer hin, zeigt sich auch noch eine andere Seite. Sie kann man nur mit den Worten Armut, Hunger, Verzweiflung zutreffend fassen. In jeder Stadt, aber auch in den Dörfern, gab es Behausungen, wo bitterste Not herrschte, wo Krankheiten immer wieder ganze Familien heimsuchten und Unterernährung die Gesichter der Betroffenen zeichnete. Wer seine Arbeit verlor oder einen Unfall erlitt, geriet in bedrückende Not. Die Lage der unteren Bevölkerungsgruppen in den Städten war fast aussichtslos, für sie war das Leben ein ständiges Entbehren. So konnten soziale Spannungen nicht ausbleiben, und es war nur eine Frage der Zeit, bis sie in Unruhen zum Ausbruch kamen.

Da es damals im Königreich Württemberg an Arbeitsplätzen in der erst im Entstehen begriffenen Industrie fehlte, suchten viele – trotz wiederholter Warnungen des Konsistoriums – ihr Heil im Auswandern. Kamen noch Teuerung und Hungerjahre über das Land, stieg die Zahl der Auswanderer weiter an.

Um 1816/17 war Südrußland das Ziel, später wandten sich viele nach Übersee. Oft unterstützten die Heimatgemeinden das Vorhaben mit einer Geldgabe und entledigten sich so auf die Dauer ihrer ungeliebten Almosenempfänger. Doch bald nach dem Emporkommen der Industrie fehlten dadurch in den Dörfern viele der auf den Höfen dringend benötigten Hilfskräfte!

Das weitgehend unpolitische Verhalten großer Teile des württembergischen Volkes wurde auch durch die Umwälzungen im benachbarten Frankreich kaum verändert. Wohl hatte dort die Julirevolution von 1830 das herrschende Königshaus gestürzt, doch dieser scharfe Wind aus Westen zeigte in Württemberg kaum eine Wirkung. Es kam zwar zu wortreichen parlamentarischen Auseinandersetzungen, aber ein Sturm, der die Tiefen aufwühlte, blieb aus. Immerhin hatten die Landtagswahlen von Dezember 1831 der liberalen Opposition im Königreich für einige Zeit die Mehrheit gebracht, dann aber erfolgte bereits im Frühjahr 1833 die Auflösung der Ständeversammlung.

Im Dezember 1831 hatten sich „manche Geistliche, insbesondere auch Pfarrgehülfen, in einem der Regierung sich opponierenden Geiste, eine, ihrem Berufe völlig fremde, Einmischung in die Wahlangelegenheiten" erlaubt. Darum erging im März 1833 vor der neuen Wahl der ständischen Abgeordneten an alle Dekanatämter der folgende Erlaß des Königlich evangelischen Konsistoriums: „Seine Königliche Majestät haben verfügt, daß die Geistlichen beider Confessionen durch die ihnen vorgesetzten Dekanatämter gegen fernere solche Einmischungen in die Wahlangelegenheiten auf das ernstlichste verwarnt werden." Die Dekane wurden aufgefordert, „in dieser Hinsicht ein wachsames Auge auf die Geistlichen ihrer Diözese zu richten" und über den Erfolg ihrer Ermahnungen und Vorkehrungen Bericht zu erstatten. Abschließend erteilte das Konsistorium die strikte Weisung, „unter Rücksprache mit dem Oberamt diese höchste Verfügung ungesäumt zu vollziehen" und sofort darüber zu berichten.

In diesem Zusammenhang ist auch interessant, welche Bibelworte zu Beginn der Dreißiger Jahre für die Feiern anläßlich des Königs-Geburtstags zum Predigttext bestimmt wurden. Nachdem 1830 die Wahl auf Psalm 103, Vers 1 und 2 gefallen war:

„Lobe den Herrn, meine Seele, und was in mir ist, seinen heiligen Namen. Lobe den Herrn, meine Seele, und vergiß nicht, was er dir Gutes getan hat,"

dürfte die Textwahl in den folgenden Jahren auf die vielfach vorhandene, aber nicht voll in Erscheinung tretende Opposition gemünzt gewesen sein.

Am 27. September 1831 mußte nämlich in allen Pfarrkirchen des Landes über Titus 3, Vers 1 gepredigt werden:

„Erinnere sie, daß sie dem Fürsten und der Obrigkeit untertan und gehorsam seien, zu allem guten Werk bereit."

Und im Jahr 1832 „haben Seine Königliche Majestät zur kirchlichen Feier HöchstIhres diesjährigen Geburts-Festes den Text aus Sprüche Salomonis 24, Vers 21 gewählt":

„Fürchte den Herrn und den König, und menge dich nicht unter die Aufrührischen."

In den vorgestellten Briefen haben sich vereinzelt auch Auswirkungen der Aufklärung des 18. Jahrhunderts gezeigt. Es entsprach dem Zeitgeist, alles an „den Wahrheiten der Vernunft" zu prüfen, und so bestand die Neigung, alles Religiöse für höchst zweifelhaft zu halten. Man müsse, erklärte dann um 1835 der Theologe David Friedrich Strauß, „der Idee von Jesus" folgen.

Mit den neuen Vernunfterkenntnissen wollte man Nutzen stiften, das Leben verbessern und den Weg für ein neues, menschlicheres Zeitalter bereiten. Man sah im Christentum die beste Religion, und die Erziehung zu einem moralischen Verhalten galt als die wichtigste Aufgabe. Daher widmeten sich die Predigten mit Vorliebe den religiösen und moralischen Wahrheiten und priesen Jesus als den weisen Lehrer der Menschheit.

Die in den Gottesdiensten benützten Gebet- und Gesangbücher beurteilte man nun danach, ob ihr Inhalt noch „zeitgemäß" war. Das hatte wohl auch Pfarrer Hebich im Jahr 1810 veranlaßt, das bisher noch in Nellingen übliche ulmische Gesangbuch von 1719 in einem Brief an den Dekan als „alt und unserer Zeit nicht mehr angemessen" zu beurteilen.

Im Königreich Württemberg war bereits im Jahr 1791 ein von rationalistischem Geist geprägtes Gesangbuch eingeführt worden. In seinem „Vorbericht" wurden geistliche Lieder „ein leichtes und sehr wirksames Mittel" genannt, „die Religion auszubreiten und zu erhalten, und christliche Einsichten und Erkenntnisse, christliche Empfindungen, Entschlüsse, Tröstungen, Hoffnungen und Freuden zu befördern." Außerdem können Lieder „zum Vorteil der Religion den Geschmack verfeinern, die Empfindungen veredeln und die Gemüter bilden. Sie können der Wahrheit, indem sie sich mit Reiz bekleiden, mehr Eingang verschaffen, den Religionsbegriffen und frommen Gefühlen mehr Leben, Stärke und Wirksamkeit geben". Ja, sie können „jede edle Begierde und Leidenschaft mehr anfachen, die Tugend liebenswürdig, die Pflicht interessant" machen. Schließlich dienen sie dazu, „die Glut der Andacht zu verstärken und den Geist der christlichen Eintracht und Bruderliebe zu nähren und die Gemüter hinauf zu Gott zu erheben".

Weil aber im Gesang „Poesie und Tonkunst ihre Kraft vereinigen", waren Lieder nötig, „deren Inhalt und Ausdruck gut ist". Darum sah man Grund genug, aus öffentlichen Gesangbüchern alles zu entfernen, „was der Empfindung nachteilig und der Hoheit und Würde der Religion unangemessen" war. So war man genötigt, eine große Anzahl Lieder aus dem neuen Gesangbuch wegzulassen, weil sie „mit fehlerhaften Gedanken durchwebt und keiner Verbesserung fähig" waren. Eine große Anzahl alter Lieder aber hat man „durch eine völlige Umarbeitung dem heutigen verfeinerten Geschmack näher gebracht". Es wurde aber auch „für gut gehalten, eine hinreichende Anzahl von gangbaren alten Liedern entweder ganz unverändert zu lassen, oder bloß stellenweise zu verändern". Um aber dem „heranwachsenden Teil der Gemeinde die Vorteile der verbesserten deutschen Dichtkunst nicht länger vorzuenthalten", hat man auch eine „große Menge neuer Lieder" aufgenommen.

Doch trotz aller Bemühungen fand das neue Gesangbuch nicht in jeder Gemeinde bereitwillig Aufnahme und Beifall.

Was hielt man für einen „zeitgemäßen Inhalt? Zum Beispiel beginnt der Abschnitt „Lehramt und Wandel Jesu auf Erden" mit dem Vers:

> „Dir, Jesu, ist kein Lehrer gleich!
> An Weisheit, Lieb und Eifer reich,
> belehrst du uns durch Wort und Tat,
> wie niemand uns erleuchtet hat.
> Von dir ist uns geoffenbart,
> was keinem sonst enthüllet ward."

Im Abschnitt „Lieder über die christliche Sittenlehre" findet man dann folgende Strophe, die nach einer eigenen Melodie gesungen wurde:

> „Wachet auf, ihr faule Christen,
> bedenket, daß euch Gottes Gnad
> vom tiefen Schlaf der Sündenlüsten
> zum Leben auferwecket hat!
> Verlasset doch die finstre Gruft,
> und höret, wenn euch Jesus ruft: Wachet!"

Das Gesangbuch schloß mit dem Schul-Lied:

„Von dir, unendlich Gütiger
von dir kommt Licht und Weisheit her;
Du bildest mich durch Unterricht,
und schenkst mir Kenntnis meiner Pflicht.

Der Weisheit will ich mich ganz weihn;
laß mich des Lehrers Freude sein.
Kein Tag des Lebens geh vorbei,
daß ich nicht weiser, besser sei."

Das von Gedanken der Aufklärung bestimmte Christentum wirkte volkstümlich und war wegen seiner schlichten und praktischen Art beliebt. Aber es gab auch noch in der kommenden Zeit der lutherischen Orthodoxie verbundene Kreise und pietistische Gruppen. Daneben bestanden kleine, meist chiliastisch gestimmte Zirkel am Rande, die, wie es bei Bückle und seinen Anhängern der Fall war, ins Sektierertum abglitten.

Von der Naherwartung des Tausendjährigen Reichs, von Gebetsheilungen und von Dämonenaustreibungen war da und dort die Rede. Auch eine Beschäftigung mit okkulten Erscheinungen, wie sie der Arzt, Dichter und „Geisterseher" Justinus Kerner von Weinsberg liebte, gab es. Ob jener Pfarrer Steeb in Merklingen, der bis 1838 in Untereisesheim war, den im 10 Kilometer entfernten Weinsberg wirkenden Arzt und „Geisterseher" kannte, mit ihm sogar in Verbindung stand, oder nur sein 1826 erschienenes Buch „Die Seherin von Prevorst" gelesen hatte, ist schwer zu sagen. Man kann vermuten, daß er damals Anregungen empfing, die er als pietistisch geprägter Theologe aufgriff und auf seine Weise, – der Kraft seines Gebets vertrauend, – zunächst in Untereisesheim und dann in Merklingen bei seelisch Kranken anzuwenden versuchte.

Etwa zur gleichen Zeit, um das Jahr 1842, wurde Pfarrer Johann Christoph Blumhardt der Ältere durch seine Bemühungen als Seelsorger einer jungen Frau in seiner Möttlinger Gemeinde bekannt. Auf die Macht Gottes vertrauend, erlebte er an der Kranken, wie biblische Verheißungen neu lebendig wurden. In der Gemeinde kam es danach zu einer Bußbewegung und zu weiteren ungesuchten Heilungen leiblicher Krankheiten. Blumhardt lag es fern, den nahen Anbruch des Tausendjährigen Reichs zu prophezeihen oder zu errechnen.

Dieser Glaube, der schlicht, demütig und nüchtern der Macht Gottes vertraute, war in dieser Weise bei Pfarrer Steeb nicht zu finden. Trotz frommer Worte zeigte sich bei ihm eher eine Neigung zu schwärmerischer Naherwartung und eitler Selbstüberschätzung. Statt zu einer Bußbewegung, wie in

Möttlingen, kam es als Folge seines Treibens zur Entstehung einer widerlichen Sekte, die sich nicht nur im Nachbarort und in seiner eigenen Gemeinde ausbreitete, sondern auch noch in weiter entfernten Albdörfern rasch viele willige Anhänger fand.

Was die hier vorgestellten Texte darboten, waren Momentaufnahmen aus einer längst vergangenen Zeit, mehr nicht. Jene Landpfarrer und Dorfschulmeister, von denen die Rede war, und mit ihnen alle andern, waren auf einem steinigen Weg unterwegs, mitten in einer Welt im Umbruch.

Anhang / Anmerkungen

Um allen Lesern, die am Wortlaut von Dokumenten aus der Anfangszeit des Königreichs Württemberg interessiert sind, zeitraubende Nachforschungen zu ersparen, wird in diesem Anhang die „Bekanntmachung der Annahme der Königswürde" vom 1. Januar 1806 wiedergegeben. Zusammen mit einem Auszug aus dem „General-Recript vom 1. Januar 1806" findet man außerdem den Wortlaut des Treu-Eids, den sämtliche Königliche Beamten leisten mußten. Diese Dokumente vermitteln von König Friedrich das Bild einer selbstherrlichen Herrscherpersönlichkeit, die von allen Staatsdienern und Untertanen unbedingte Treue und volle Ergebenheit forderte.

Des weiteren werden in den „Anmerkungen" Gremien, die im Text erwähnt werden, kurz vorgestellt. Ferner findet man zu weniger bekannten Begriffen nähere Erläuterungen. Schließlich sind außer einigen Abbildungen und Reproduktionen von Schriftstücken umfangreiche Worterklärungen beigegeben.

Bekanntmachung der Annahme der Königswürde vom 1. Januar 1806.

Wir Friderich,
von Gottes Gnaden
König von Württemberg

des heiligen Römischen Reichs Erz-Panner und Churfürst, Herzog von Tek, Fürst zu Schwaben, Landgraf zu Tübingen und Nellenburg, Fürst zu Ellwangen und Zwiefalten, Graf zu Limpurg, Schmiedelfeld, Sontheim, Hohenberg und Bondorf, Herr zu Heidenheim, Justingen, Rottweil, Heilbronn, Hall, Altdorf und Adelmannsfelden ec. ec.

entbieten allen Unseren lieben und getreuen Dienern und Unterthanen Unsere Königliche Gnade.

Nachdem Wir zu Folge eines mit Sr. Majestät dem Kaiser von Frankreich und König von Italien unter dem 12. Decbr. 1805 errichteten Staats-Vertrags, der einen integrirenden Haupttheil des, zwischen gedachter Kaiserl. Königl. Majestät dem Kaiser von Teutschland und Oesterreich abgeschlossenen Friedens-Tractats ausmacht, die Königliche Würde für Uns und Unsere Nachkommen an der Regierung angenommen haben, so wird solches anmit von Uns Kraft dieses öffentlich und zur allgemeinen Nachachtung bekannt gemacht.

Wir finden in diesem höchstwichtigen, für jeden treuen Württemberger auf die denkwürdigste Art sich auszeichnenden Ereigniß einen neuen Beweis der über Unserem Königlichen Hause wachenden Göttlichen Vorsehung, und können Uns versichert halten, daß auch Unsere sämtliche

Diener und Unterthanen bei dieser großen und unerwartet glüklichen Entwiklung des damit so innig verbundenen Wohls des Vaterlandes von eben denselben Empfindungen der Freude und des Danks durchdrungen seyn werden.

Die neuen hienach eintretenden Verhältnisse eröffnen Uns zugleich die frohe Aussicht, den Wohlstand Unserer sämtlichen sowohl angestammten als auch erworbenen Lande und das Unserem Herzen so nahe liegende Glük Unserer sämtlichen Unterthanen immer mehr erhöhen und befestigen zu können.

Unser hierauf rastlos gerichtetes Bestreben wird aber auch durch die sichere Hoffnung belebt, in dem Danke, der aufrichtigen Treue und unerschütterlichen Anhänglichkeit Unserer gesamten Unterthanen eine stete Belohnung zu finden, und bleiben Wir denselben mit Königlicher Huld und Gnade zugethan.

Gegeben in Unserer Königlichen Residenz Stuttgart,
den 1ten Januar 1806
    Friderich
    L.S.
    Graf von Wintzingeroda.

Neue Verpflichtung sämtlicher Königlicher Beamten auf den unbedingten Eid der Treue.
(Auszug aus dem General-Rescript vom 1. Januar 1806)

Alle Königlichen Beamten – auch die vom König ernannten Geistlichen – mußten den Huldigungseid unterschreiben, der sie zu unbedingtem Gehorsam gegen den König verpflichtete. Als seine Diener hatten sie fleißig, gewissenhaft und pflichtbewußt alle Befehle und Anordnungen auszuführen, und er, der Souverain, blieb ihnen, seinen Getreuen, mit königlicher Huld und Gnade gewogen.

Diese neue Verpflichtung der Beamten wurde in einer Verordnung des Königlichen Staatsrats vom 1. Januar 1806 bekannt gemacht:

König Friderich hatte „die allerhöchste Entschließung gefaßt, die sämtlichen in Unseren Landen bisher angestellten Beamten ihrer bisherigen Dienst-Pflicht und des darauf geleisteten Eides zu entlassen, dieselben aber gegen Leistung des unbedingten Eids der Treue und Unterthänigkeit gegen Unsere allerhöchste Person in ihren Stellen und Ämtern mit dem davon abhangenden Gehalt und Emolumenten wieder zu bestätigen.

Indem Wir Euch nun hievon die allergnädigste Eröffnung machen, wollen Wir Euch zugleich einen Termin von 6 Tagen, von dem Tag der Insinuation an gerechnet, anberaumt haben, um innerhalb desselben nicht nur Eure Erklärung wegen Leistung des unbedingten Eides der Treue und Unterthänigkeit gegen – Uns – schriftlich abzugeben, sondern auch den Eid selbst, so wie er in dem beigeschlossenen Formular enthalten ist, eigenhändig zu unterschreiben, und denselben nebst Eurer Erklärung zu – Unserer – Königlichen Regierung einzusenden. Wo bei Wir Euch zugleich allergnädigst zu erkennen geben, daß Ihr Euch in diesem Fall als wieder bestätigt anzusehen habt."

Gleichzeitig wurde den „Ober- und Stabs-Beamten" allergnädigst der Befehl erteilt, „diese Unsere allerhöchste Willens-Meinung den Cameral- und vormalig Kirchenräthlichen Beamten" bekannt zu machen, ihre schriftliche Erklärung und eigenhändige Unterzeichnung des Eides ungesäumt abzufordern und „Unserer Königlichen Regierung" zusammen mit einem vollständigen Verzeichnis der Beamten einzusenden.

Der neue, dem ersten württembergischen König zu leistende Eid lautete:

Eyd.

„Dem allerdurchlauchtigsten grosmächtigsten König und Herrn, Herrn Friderich,
„König von Württmberg, meinem allergnädigsten König und Herrn,
„gelobe und schwöre ich einen leiblichen Eyd zu Gott dem Allmächtigen,
„Seiner Königlichen Majestät in allem getreu und hold zu seyn,
„allerhöchstDero Nutzen und Frommen zu fördern,
„Schaden zu warnen, und zu wenden, nach meinem besten Vermögen;
„insonderheit aber allem demjenigen gewissenhaft und pünktlich nachzukommen,
„worzu mich theils die unmittelbaren allerhöchsten Befehle
„Seiner Königlichen Majestät,
„theils diejenigen, die mir mittelbar durch die mir vorgesetzten Personen
„oder Stellen zukommen, anweisen werden;
„auch weder Lieb, Freundschaft, Furcht, Mieth oder Gab anzusehen,
„sondern solches Alles aufrichtiglich, als weit mein Verstand reicht, zu handeln,
„wie ich dann solches zuvörderst gegen Gott dem Allmächtigen,
„und dann Seiner Königlichen Majestät Selbsten, mir getraue zu verantworten;
„als mir Gott der Allmächtige helfen wolle."
„Alles getreulich und ohne Gefährde."

Das Kirchenregiment.

Mit der Annahme der Königswürde durch Friderich I. von Württemberg trat am 1. Januar 1806 auch die altwürttembergische Verfassung außer Kraft. Tiefgreifende Veränderungen, die besonders die evangelische Kirche betrafen, waren die unvermeidlichen Folgen. König Friderich gab der Kirche eine äußere Ordnung, die der staatlichen Ordnung seines Königreichs entsprach. Das Konsistorium, durch das Organisations-Manifest des Königs vom 18. März 1806, zum Ober-Konsistorium erhoben, war damit zu einer untergeordneten Staatsbehörde des Geistlichen Departements geworden. Es verlor dadurch seine alten Rechte, zu denen das Kirchenregiment gehörte. Dabei handelte es sich um kirchliche Tätigkeiten, die von eigenen gesetzgebenden, richterlichen und verwaltenden Organen ausgeübt worden waren.

Das neue Ober-Konsistorium führte die Aufsicht über das gesamte evangelische Kirchen- und Schulwesen und die dort angestellten Diener. Bei der Besetzung geistlicher Stellen hatte der Minister des Geistlichen Departements dem König Vortrag zu machen. Alle Kandidaten wurden vor diesem Ober-Konsistorium geprüft. Über sie und sämtliche angestellten Dekane, Pfarrer und Vikare war jährlich eine Liste „unter gewissenhafter Angabe ihres moralischen Betragens, Fleißes und ihrer Talente" vorzulegen.

Nach dem Regierungsantritt König Wilhelms bekam das Konsistorium die weggenommenen Rechte wenigstens zum Teil wieder zurück. Im Verfassungsentwurf von 1817 wurde dem Konsistorium und der Synode das Kirchenregiment, unter Leitung der höheren Staatsbehörde, zugesichert. Die Verfassung von 1819 stellte dann das Rechtsverhältnis zwischen Kirche und Staat auf eine neue Grundlage, doch die volle Unabhängigkeit blieb der Kirche auch danach noch vorenthalten.

Dazu aus der Verfassung:

§ 72

Dem König gebührt das oberhoheitliche Schutz- und Aufsichtsrecht über die Kirchen. Vermöge desselben können die Verordnungen der Kirchengewalt ohne vorgängige Einsicht und Genehmigung des Staats-Oberhauptes weder verkündet noch vollzogen werden.

§ 75

Das Kirchen-Regiment der evangelisch-lutherischen Kirche wird durch das Königliche Konsistorium und den Synodus nach den bestehenden oder künftig zu erlassenden verfassungsmäßigen Gesetzen verwalten.

Der Kirchenkonvent.

Da in den Briefen und Erlassen immer wieder vom Kirchenkonvent die Rede war, dürften für manche Leser weitergehende Angaben zum Auftrag dieses Gremiums und zu seiner Entstehung von Interesse sein.

Zunächst werden zwei Abschnitte aus der „Instruktion für die Kirchenconvente der Neuwürttembergischen Lande" vom 11. Oktober 1803 wiedergegeben. Diese Verordnung erging auf höchsten Befehl Friderichs, „Seiner Churfürstlichen Durchlaucht" und bestimmte:

> „Das Kirchenconvent formirt sich auf den Dörfern aus dem Pfarrer und Schultheißen. Hiezu werden zwei Personen des Gerichts beigezogen, deren Wahl man dem weltlichen und geistlichen Vorsitzenden überläßt, ihnen jedoch dabei die Pflicht auflegt, nur die Tauglichkeit der Personen dabei zu berücksichtigen."

Das Protokoll der Sitzungen ist vom Schultheißen, oder wenn dieser die gehörige Fähigkeit dazu nicht hätte, von dem Pfarrer zu führen. Die Zusammenkünfte sollen „regelmäßig alle Monate einmal" gehalten werden. Dazu:

> „Im Allgemeinen ist der Zweck dieser Versammlungen dieser: sich über Verbesserungsmittel im Kirchen- und Schulwesen gemeinschaftlich zu berathschlagen, die Kirchenzucht zu erhalten Sittlichkeit zu befördern, und diejenigen, welche durch irgend ein Laster öffentlich Ärgernis geben, davon zurückzuhalten, und durch Warnung und Belehrung zu bessern."

Während der Regentschaft König Wilhelms hat man im Oktober 1824 diese Amtsvorschrift für die evangelischen Kirchenkonvente einer Prüfung unterzogen und auf eine „zeitgemäße Weise neu bestimmt".

Nachdem die evangelische Synode in Gemeinschaft mit dem evangelischen Konsistorium darüber beraten hatte, richteten sie auf Grund ihrer Beratungsergebnisse entsprechende Anträge an das Ministerium des Innern und des Kirchen- und Schulwesens. Danach wurden gemäß der ergangenen höchsten Entschließung folgende Bestimmungen als Amtsvorschrift für die evangelischen Kirchenkonvente verfügt:

§ 1

In jedem evangelischen Pfarr-Ort des Königreichs besteht, ohne Rücksicht auf das Religions-Bekenntnis der Mehrzahl der Orts-Einwohner und ohne Unterschied, ob der Ort für sich eine bürgerliche Gemeinde bildet, oder als bloße Parcelle einer andern Gemeinde zugetheilt ist, ein evangelischer Kirchen-Konvent.

§ 5

Mitglieder des evangelischen Kirchen-Konvents sind:

1. in Orten, welche der Sitz eines Gemeinderaths sind,
   die evangelischen Orts-Geistlichen,
   der Orts-Vorsteher,
   der Stiftungs-Pfleger,
   zwei bis drei Beisitzer vom Haupt-Orte, und
   je ein Beisitzer aus jedem mit einer besonderen Kirchen-Stiftung
   begabten – dem Kirchen-Konvent untergeordneten Filial-Orte;
2. in Orten, die bloße Gemeinde-Parzellen bilden,
   der Geistliche,
   der Anwald,
   der Stiftungs-Pfleger, sofern eine Stiftung vorhanden ist, und
   ein bis zwei Beisitzer.

Wirkungskreis:

§ 10

Der evangelische Kirchen-Konvent hat im Allgemeinen die Obliegenheit, die Kirchen-, Sitten- und Schul-Polizei in dem Bezirke der Orts-Kirchen-Gemeinde zu handhaben. Außerdem liegt demselben nach Maßgabe des Verwaltungs-Edikts auch die Besorgung der laufenden Stiftungs-Geschäfte und der Armen-Unterstützung, letztere unter Rücksprache mit der Orts-Armen-Leitung, ob.

In gemischten Orten, in welchen Kirchen-Konvente beider Konfessionen bestehen, kommt die letztere Obliegenheit dem nach Maßgabe des Verwaltungs-Edikts bestellten gemeinschaftlichen Kirchen-Konvent zu.

§ 11

Als Kirchen-Polizei-Behörde hat der Kirchen-Konvent das Beste seiner Kirche und Kirchen-Gemeinde soweit es von äußerlichen Einrichtungen abhängt, den bestehenden Gesetzen gemäß zu besorgen, und unter gewissenhafter Vermeidung alles Eingreifens in das innere Familienleben der Gemeinde-Glieder und sorgfältige Schonung der Gewissens-Freiheit die äußerliche Kirchen- und Sittenzucht zu handhaben.

§ 12

Derselbe hat daher
1. über die Beobachtung und Vollziehung der Kirchen-Gesetze in der Gemeinde zu wachen,
2. für die Ordnung und Würde bei Abhaltung der öffentlichen Gottesdienste zu sorgen und alle Störungen derselben zu verhüten,

3. über den baulichen Stand und die Reinlichkeit der Kirchen-Gebäude zu wachen, und über die Kirchen-Stühle nach herkömmlicher Ordnung zu verfügen.

§ 15

Das religiös-sittliche Leben der im Umfang der Gemeinde befindlichen Personen gehört nur soweit unter die Aufsicht und Censur des Kirchen-Konvents, als durch Vernachläßigung der Erziehung der Kinder durch die Eltern und Pfleger, oder durch Ausbrüche der Irreligiosität, der Verhöhnung des Heiligen, Umtriebe des Aberglaubens und der Sektirerei oder durch rohe und zum Ärgerniß gereichende Äußerungen der Unsittlichkeit die öffentliche christliche Kirchen- und Sittenzucht verletzt wird.

§ 18

Als Aufsichts-Behörde für die örtlichen Schulanstalten hat der Kirchen-Konvent darüber zu wachen, daß die bestehenden Verordnungen über das Schulwesen im Bereich der Pfarr-Gemeinde genau beachtet werden, und wird deshalb auf die General-Schul-Verordnung vom 31. Dezember 1810, so wie auf die nachfolgenden allgemeinen und besonderen Vorschriften verwiesen.

Verhältniß zu dem gemeinschaftlichen Oberamt,

§ 30

Die Kirchen-Konvente sind der Aufsicht und Leitung der gemeinschaftlichen Oberämter untergeben.
Diesen haben sie auch Fälle, die ihre Befugnisse überschreiten, oder deren Erledigung sie nicht erwirken können, vorzulegen. Dagegen haben die Kirchen-Konvente das Recht, zu Aufrechterhaltung ihres Ansehens und Durchführung ihrer Anordnungen, wo es nöthig ist, von den gemeinschaftlichen Oberämtern Unterstützung zu verlangen.

Ein kurzer geschichtlicher Rückblick beantwortet die Frage nach der Entstehung dieser Konferenzen:

In der Zeit des Dreißigjährigen Krieges war Johann Valentin Andreä von 1620 bis 1638 Dekan in Calw gewesen. Durch die schon Jahrzehnte andauernde Kriegszeit hatten sich alle Bande der Ordnung immer mehr aufgelöst. In dieser Lage erinnerte sich Andreä an die Genfer Kirchenzucht, die er als junger Student im Jahr 1611 kennengelernt hatte. Der Eindruck davon war so nachhaltig, daß er seither danach trachtete, in seiner Heimatkirche gleiches zustande zu bringen. Damit machte er in seiner Calwer Zeit einen Anfang. Kurz vor seinem Abschied als Dekan in Calw war es ihm gelungen, mit dem Bürgermeister und den Mitgliedern des Gemeinderats wöchentliche Konferenzen zu halten, in denen über Fragen der Kirchenzucht verhandelt wurde.

Nachdem er im Januar 1639 zum Hofprediger und Konsistorialrat nach Stuttgart berufen worden war, veranlaßten ihn diese Calwer Erfahrungen dazu, dem Konsistorium zu empfehlen, an allen Orten solche Konferenzen einzuführen. Daraufhin wurden im Jahr 1644 für alle Gemeinden des Landes „Kirchenkonvente" angeordnet. Dabei hatten Ortspfarrer und Bürgermeister, die zusätzliche Beisitzer auswählen durften, die Sitzungen gemeinsam zu leiten, und jeder die in seine Zuständigkeit gehörenden Fälle zu behandeln. Dem Pfarrer oblag es, die Gestrauchelten auf den Weg der Buße zu bringen, und dem Bürgermeister, die beschlossenen Strafen zu verhängen.

Die Kirchenkonvente beschränkten ihre Tätigkeit jedoch nicht auf Sittenzucht und Strafen, sondern trachteten danach, daß Gottes Ehre befördert, die wahre Lehre rein erhalten und Gottseligkeit gepflanzt wurde.

Besonders wichtig aber war in den häufig wiederkehrenden Notzeiten die Sorge für die Notleidenden und die gerechte Verteilung der Gaben aus dem Armenkasten.

Diese Kirchenkonvente bestanden in den Gemeinden länger als 200 Jahre. Dann führte eine königliche Verordnung vom 25. Januar 1851 für die kirchliche Leitung des Gemeindelebens den „Pfarrgemeinderat" ein.

Doch diese Neuerung stieß in vielen Gemeinden auf Ablehnung. Dadurch konnten die Kirchenkonvente ihre Arbeit noch Jahre, – in manchen Fällen sogar noch über Jahrzehnte hin, – fortsetzen. Auch in Nellingen auf der Alb waren 1851 und 1854 gut vorbereitete Wahlen zum Pfarrgemeinderat fehlgeschlagen. Danach versah der Kirchenkonvent sein Amt noch bis zum Jahr 1872.

Der Stiftungsrat

In Württemberg waren an vielen Orten Stiftungen zur wohltätigen Versorgung der Armen vorhanden. Manche waren in der Reformationszeit entstanden, als man ihnen säkularisierte Kirchengefälle zugewiesen hatte, andere waren noch älteren Ursprungs. Manche sind durch einzelne Stifter, andere durch mehrere wohltätige Personen ins Leben gerufen worden. Das gilt zum Beispiel für das „Margarethenstift", auch „Ewiges Gestift" genannt, das anno 1594 von Margareta Widmannstetterin in Nellingen gestiftet wurde, und dem sich im Verlauf von 30 Jahren weitere 10 Personen anschlossen. Die Stiftungskapitalien, Beträge zwischen 5 und 22 Gulden, sind „um Gottes Willen gestiftet worden, davon der gewohnliche Zinnß jährlich auf St. Margarethen Tag unter dorfarme Haußleute solle ausgeteilt werden". In anderen Fällen sind die Stifter nicht mehr bekannt, da die Stiftungsurkunden im Dreißigjährigen Krieg, im Spanischen Erbfolgekrieg oder in Feuersbrünsten verloren gingen.

Fast in jeder Gemeinde fand sich ein „Armen-Versorgungs-Fonds", er wurde pium corpus, Heiligenfonds oder Armenkasten genannt. Zunächst hatte er für Arme, Kranke, Witwen und Waisen der eigenen Gemeinde zu sorgen. Es konnte sich dabei um wöchentliche oder außerordentliche Unterstützungen handeln. Zum Beispiel konnten aus einem besonderen Anlaß, etwa wegen Krankheit, in einem strengen Winter, zur Konfirmation eines armen Kindes oder beim Eintritt als Lehrjunge, kleinere Geldbeträge oder Naturalien gewährt werden. Ferner war es Aufgabe des Heiligenfonds, die Kirchen- und Schulbedürfnisse in der Gemeinde zu befriedigen. Man beschaffte aus diesen Mitteln die benötigten Kanzel-, Altar- und Taufsteingedecke, die Kirchengefäße und Kirchenbücher, aber auch die erforderlichen Lehrmittel für die Schule und die Lehrbücher für die Lehrer und gab auch Beiträge zur Besoldung der Schulmeister.

Dieser Fonds geht auf Bemühungen Herzog Christophs zurück. Er fügte in seine „Große Kirchenordnung" von 1559 eine „Kastenordnung" ein, die nicht nur die Armenfürsorge ermöglichte, sondern auch die Bedürfnisse der Kirchen und Schulen berücksichtigte. Im Eingangsabschnitt zu dieser „Kastenordnung" nannte er seine Absicht: „Damit das heilige Almosen zu einander gebracht, den Dürftigen, Kranken und Armen, nothwendiglich mitgetheilt, und sie in Hungersnoth erhalten, dagegen die Faulenzer, böse Streiffer, Landröcke und leichtfertige Buben, denen dann, neben dem sie den Dürftigen das nothwendige Almosen vor dem Mund abstricken, keine Büberei und Übels zuvil, abgeschafft, und gegen ihnen mit gebührender Strafe vollfahren würde."

Außer den örtlichen „Armen-Versorgungs-Fonds" gab es die Armen-Versorgungsanstalten, die Hospitäler und die Armen- und Siechenhäuser. Wo sich eine solche Anstalt befand, waren Heiligen- oder Armen-Kasten-Pfleger oder Spital- und Siechenpfleger aufgestellt. Sie hatten den Einzug der Einkünfte und ihre Verwendung für Wohltätigkeitszwecke zu besorgen und darüber Rechnung zu führen. Diese Pfleger standen, wie die Anstalten selbst, gewöhnlich unter der Aufsicht des Kirchenkonvents. Es gab aber auch Spitäler, die ohne geistliche Konventsmitglieder, nur von der Zivilobrigkeit verwaltet wurden; man nannte sie die weltlichen Spitäler.

Am 9.Juli 1811 verfügte eine Verordnung König Friederichs, daß alles öffentliche Vermögen der Armenverwaltungen mit Ausnahme der Vermögen der Kommunen, den Kameralämtern zu Verwaltung zu übergeben war, und diese zur Sicherstellung des Zwecks getrennte Rechnungen darüber zu führen hatten. Die Oberaufsicht über die Verwaltung der milden Stiftungen sollte dann das Königliche Finanz-Departement mit seiner neu errichteten dritten Abteilung, der Sektion der Kron-Domänen, übernehmen. Dadurch wurde den Kirchenkonventen ihr Einfluß auf die Stiftungen, auf die Armenfürsorge, auf die Schulmeisterbesoldung und auf das Kirchen- und Schulbauwesen, soweit der Heiligenfonds dazu beigetragen hatte, ganz entzogen. Auch die Wahl der Heiligen-, Armenkasten- und Spitalpfleger stand ihnen nicht mehr zu. Bei einer Wiederbesetzung hatten sie dem Kameralamt gegenüber lediglich ein Vorschlagsrecht. Da aber die Kameralämter durch diesen Geschäftszuwachs überfordert waren, stellte man eigene Stiftungsverwalter auf und errichtete eine „Stiftungs-Rechnungs-Kammer". Dabei zeigte sich rasch, daß das Stiftungsvermögen seinen ursprünglichen Zwecken entfremdet wurde. Das Edikt vom 31. Dezember 1818 über die Verwaltung der Stiftungen brachte eine Veränderung; es gab den Gemeinden die unmittelbare Verwaltung der Stiftungsermögen wieder zurück.

Nun war in jedem Ort, der solche Stiftungen hatte, ein Stiftungsrat zu bilden. Er bestand aus dem Ortsgeistlichen und dem Gemeinderat. Dieser Stiftungsrat wählte mit der Mehrheit seiner Stimmen die erforderlichen Stiftungspfleger (Heiligenpfleger, Armenkastenpfleger u.a.) und stellte sie dem gemeinschaftlichen Oberamt zur Bestätigung und Verpflichtung vor.

Des weiteren ordnete das Edikt an: „Die Stiftungspfleger sowohl als die übrigen Mitglieder des Stiftungs-Raths, sind dafür verantwortlich, daß das Stiftungsvermögen mit möglichstem Fleiße verwaltet, die Gefälle, Zinse, Gülten usw. pünktlich und unnachsichtig eingezogen, die Naturalien bestmöglichst verwahrt und verwertet, die Capitalien hinlänglich versichert, alle unnöthigen Ausgaben vermieden, und insbesondere die Stiftungen nicht mit fremdartigen Lasten und Ausgaben beschwert werden."

Der Diözesan-Verein

Bei den Beratungen der Königlichen Synode ist im Frühjahr 1819 „ein näherer Zusammentritt der Geistlichen jeder Diöcese unter sich für dienlich erachtet worden". Man sah in diesen „Diöcesan-Versammlungen" eines derjenigen „Mittel, durch welche das Beste des Kirchenwesens in seinen Anstalten, in seiner nützlichen Wirksamkeit und in den ihm zunächst angehörigen Personen nicht wenig befördert werden kann".

Daraufhin erging an die General-Superintendenten am 13. Mai der Synodal-Erlaß, „in den ihrer Aufsicht anvertrauten Diöcesen die Bildung von Diöcesan-Vereinen der Geistlichen zu veranlassen".

Wie bereits bisher die Beschäftigung mit den theologischen und den damit verwandten Wissenschaften durch die Diöcesan-Disputationen gefördert werden sollte, so war es nun die Absicht der Synode, daß bei den Diöcesan-Vereinen „das hauptsächlichste Augenmerk auf das Praktische des geistlichen Berufs gerichtet werde". Die Teilnahme war freiwillig, kein Geistlicher wurde zum Beitritt in diesen Verein gezwungen.

Noch vor dem Jahresende 1819 wurde im Dekanat Blaubeuren ein solcher Verein gebildet und bereits am 11. Januar 1820 trat er zu seiner ersten Diöcesanvereins-Besprechung zusammen. Seine Mitglieder waren damals die Pfarrer von Asch, Bermaringen, Berghülen, Machtolsheim, Scharenstetten, Suppingen, Seißen und Weilersteußlingen.

Es wurde beschlossen: „In der Regel einmal des Jahres in der Oberamtsstadt, bei außerordentlichen Veranlassungen auch außerordentlicher Weise, zusammenzukommen, und sich in dieser Zusammenkunft über das Praktische des geistlichen Berufs mit besonderer Berücksichtigung der Lokalitäten der Diöcese und der eigenen Parochie, zu besprechen."

Die Konkordienformel
(Formula Concordiae von 1577)

Um die nach Luthers Tod im deutschen Luthertum aufgebrochenen dogmatischen Streitigkeiten zu schlichten, bedurfte es mühsamer Einigungsversuche. Es ging dabei darum, die lutherische Lehre sicher gegen calvinistische Neigungen zu schützen. Schließlich gelang es, als Norm ein „Lehrbekenntnis" zu erarbeiten. Dieses einheitliche Lehrbekenntnis, die Konkordienformel, gibt in 12 Artikeln auf die damals strittigen Fragen Antwort. Dabei ist diese „Eintrachtsformel" – neben dem athanasianischen Glaubensbekenntnis – das am schärfsten formulierte Bekenntnis, das in das Konkordienbuch aufgenommen wurde.

Als abschließendes Lehrbekenntnis des Luthertums bildete die Konkordienformel die Grundlage der lutherischen Orthodoxie, der lutherischen „reinen Lehre".

Die Symbolischen Bücher

Im 16. Jahrhundert hat man wiederholt die Bücher und die Bekenntnis-
formeln, die in einem bestimmten Gebiet als Lehrnorm der lutherischen
Kirche gelten sollten, in einer Sammlung von Lehrschriften vereinigt.

Die erfolgreichste dieser Sammlungen war das Konkordienbuch von 1580.
Man gebrauchte dafür auch die Bezeichnung „Die symbolischen Bücher der
evangelisch-lutherischen Kirche."
Aufgenommen wurden:

1. Die drei altkirchlichen Bekenntnisse:
   Das apostolische, das nicänische und das athanasianische Glaubensbekenntnis (Apostolicum, Nicänum und Athanasianum)
2. Das Augsburgische Bekenntnis (Confessio Augustana von 1530)
3. Die Apologie der Augsburger Konfessio (von Melanchthon 1530 –
   1531)
4. Die Schmalkaldischen Artikel (von Luther 1537) (Dazu Melanchthons
   Traktat „Von der Gewalt und Obrigkeit des Papstes" von 1537)
5. Der Kleine Katechismus Luthers (von 1529)
6. Der Große Katechismus Luthers (von 1529)
7. Die Konkordienformel („Eintrachtsformel" oder Formula Concordiae
   von 1577)

Das Chorhemd

Nachrichten über das Aufkommen des Chorhemds fehlen. Wie aus einem
Brief von Pfarrer Hebich hervorgeht, gehörte dieses kurze weiße Chorhemd
auch in der ulmischen Kirche zur Amtstracht. Es wurde bei der Predigt auf
der Kanzel über dem schwarzen Chorrock, dem Talar, getragen. Obwohl es
nie amtlich vorgeschrieben wurde, war es allgemein im Gebrauch. In den
württembergischen Gemeinden ist es auch bei den Taufen und Konfirma-
tionen, sowie bei den Abendmahlsfeiern und den Trauungen getragen worden. Allerdings fand es nicht überall bei allen diesen Handlungen Verwendung.

Gelegentlich wird vermutet, daß es sich beim weißen Chorhemd um eine blei-
bende Spur des Interims handelt.

Summarien und Vesperlektionen

Die ersten gedruckten Summarien, die bei der Vesperlektion verlesen werden sollten, hat der Nürnberger Prediger Veit Dietrich verfaßt; sie stammen aus den Jahren 1541 und 1544. Im Dreißigjährigen Krieg gingen in Württemberg die meisten Exemplare verloren. Darauf beschloß der Synodus im Jahr 1652 als Ersatz eine eigene württembergische Ausgabe erarbeiten zu lassen. Im Jahr 1658 wurde dann ihre Anschaffung befohlen. Eine weitere, verbesserte Auflage erschien 1709. Schließlich ließ der Synodus im Jahr 1785 „neue, den Fortschritten der Bibelauslegung angemessenere Summarien ausarbeiten". Ein Zeitgenosse urteilte über diese Neuausgabe, „manches sei trefflich, manches mittelmäßig, manches schlecht ausgefallen, daß man wieder nach den alten Summarien lüstern werde".

Die Vesperlektionen, bei denen diese gedruckten Auslegungen wichtiger Bibelabschnitte verlesen werden sollten, kamen allmählich in Abgang, denn zu diesen wenig anregenden Abendgottesdiensten fanden sich immer weniger Besucher ein. In den Jahren 1825 und 1827 erging die Empfehlung, diese Abendandachten als „Bibelstunden" zu halten. In den Versammlungen sollten dann Abschnitte der Bibel Vers für Vers „lebensnah" erklärt werden.

Die Aposteltage.

Diese Tage waren nur halbe Feiertage. Die Beschränkung erfolgte, um „dem arbeitsamen Untertanen" mehr Zeit zum Betrieb seines Gewerbes zu verschaffen, und „dem Müßiggänger den zu häufigen Vorwand zur Entschuldigung seiner verderblichen Neigung zu nehmen". Gleichzeitig aber sollte durch diese Regelung die Gelegenheit zum fleißigen Besuch des öffentlichen Gottesdienstes nicht beschränkt werden.

Aposteltage waren:

Matthias	24. Februar
Philippus und Jakobus der Jüngere	1. Mai
Petrus und Paulus	29. Iuni
Jakobus der Ältere	25. Juli
Bartholomäus	24. August
Matthäus	21. September

Simon und Judas	28. Oktober
Andreas	30. November
Thomas	21. Dezember
Johannes der Evangelist	27. Dezember

Weitere wichtige Tage im Jahreslauf:

An Georgi, 23. April

fand eine Schulvisitation durch den Ortsgeistlichen statt. Der Tage erinnerte an St. Georg. Er war im römischen Heer Offizier gewesen und hatte unter Kaiser Diokletian um 305 n. Chr. wegen seines christlichen Glaubens den Märtyrertod erlitten.

An Jakobi, 25. Juli

wurde zum Gedenken an Jakobus den Älteren ein Apostelfeiertag gehalten. Der Sohn des Zebedäus war im Jahr 44 n. Chr. von König Agrippa zum Tod durch das Schwert verurteilt worden.
Um Jakobi begann die Erntezeit; in Gemeinden mit der Marktgerechtigkeit wurde ein Markttag gehalten.

An Michaeli, 29. September

wurden nach der Sommerpause die Schulen wieder geöffnet. Der Michaelistag galt bei den Bauern als letzter Sommertag. Sein Name erinnert an den Erzengel Michael.

An Galli, 16. Oktober

begannen an manchen Orten – verspätet – die Schulen. Bis zu diesem Tag sollten alle Erntearbeiten in Feld und Garten abgeschlossen sein. Der Gallustag war der Erinnerungstag an den irischen Missionar Gallus, der um 610 n. Chr. nach Süddeutschland gekommen war. Wo er sich seine Klause gebaut hatte, entstand später die mächtige Klosteranlage von St. Gallen.

An Martini, 11. November

war wieder Schulvisitation durch den Ortsgeistlichen. Als Gedenktag galt er St. Martin, der zunächst römischer Reiteroffizier gewesen war. Er schied aus der Armee aus und ließ sich taufen und wurde ein Schüler des Bischofs von Poitiers, der ihm die heiligen Weihen spendete. Im Jahr 361 n. Chr. gründete er das erste Kloster in Gallien, missionierte bis an die Donau und wurde im Jahr 371 durch die Gunst des Volkes zum Bischof von Tours gewählt.

Der Zehnte.

Der Große Zehnte:

Er war von „allem, was auf dem Halme wächst" fällig: Von Weizen, Roggen, Vesen (Dinkel), Einkorn (eine Weizenart mit kleinen Ährchen), Hafer, Winter- und Sommergerste. Jede zehnte Garbe mußte von den Untertanen an die Herrschaft abgeliefert werden.

Der Kleine Zehnte:

Er gehörte dem Pfarrer und war ein Teil seines Einkommens. Jeder zehnte Haufen oder Karren oder Korb der zehntpflichtigen Erntefrüchte und jede zehnte Rübe wurden eingesammelt, der Eigenbedarf in der Pfarrscheuer oder im Keller aufbewahrt und der nicht benötigte Überschuß zu ortsüblichen Preisen verkauft.

Von diesem in der Natur erhobenen und dann zu Hause oder schon auf dem Feld büschelweise verkauften Zehnten war Accise, eine indirekte Steuer, zu bezahlen.

Bei den mühsamen und sich oft lange hinziehenden Zehntgeschäften mußten die noch im Elternhaus lebenden Pfarrerskinder mithelfen; mitunter wurden wohl auch Leute aus der Gemeinde um ihre Hilfe gebeten.

Da zwischen Zehntherrn und Zehntpflichtigen ein rein privatrechtliches Verhältnis bestand, konnten auftretende Zehntstreitigkeiten nur von einem Richter auf eine für beide Parteien verbindliche Weise entschieden werden. Trat der Fall ein, hatten sich die Geistlichen zuerst an die Behörde zu wenden und danach diese Behörde in ihrem Pfarrbericht zu nennen.

Die Verpachtung des Zehnten bedurfte der Genehmigung durch das Konsistorium. War die Einwilligung erfolgt, mußte der „Pachtschilling nebst den Pacht-Bedingungen" mitgeteilt werden.

Da der Anschlag der veränderlichen Besoldungteile öfters auf keiner sicheren Grundlage beruhte und mit dem wirklichen Ertrag in großem Mißverhältnis stehen konnte, erging im Februar 1825 ein Erlaß des Königlich evangelischen Konsistoriums. Es wurde allen Kirchen- und Schuldienern zur Pflicht gemacht, daß sie von Georgii 1825 an den Ertrag ihrer veränderlichen Einkommensteile „alljährlich gewissenhaft und pünktlich verzeichnen". Die Verzeichnisse waren in der Amtsregistratur aufzubewahren und mußten vom Dekan bei der Visitation dahin überprüft werden, ob sie „in gehörig geordneter Form" geführt wurden. Außerdem war in der Pfarrbeschreibung alle drei Jahre eine Durchschnittsberechnung des 3jährigen Ertrags zu verzeichnen. Bei den Zehnten, die von den Pfarrern und Schuldienern selbst eingezogen wurden, war außer dem Bruttoertrag aller „Zehnt-Artikel" auch die Anzahl der Morgen, aus denen sie bezogen wurden, anzugeben, und die Einzugskosten zu vermerken.

In Nellingen bestand der Kleine Zehnte zur Zeit von Pfarrer Hebich aus Flachs, Hanf, Raps, Klee, Esper, (Die Esparsette ist eine Futterpflanze, die gleichzeitig magere Kalkböden, wie sie auf der Alb vorkommen, verbessert.) Kraut, Grundbirnen (Kartoffeln), Rüben, Erbsen, Linsen, Wicken, (gemeint sind Futterwicken. Mit ihren Samen hat man Geflügel und Schweine gemästet) Außerdem gehörte auch „Fretzfutter" dazu. Es handelte sich um eine häufig angebaute Mischfrucht, die aus Wicken, Haber, Linsen, Gerste und Erbsen bestand und als Grünfutter für das Vieh Verwendung fand. In der Aufzählung heißt es dann, „den Mischling halb". Wahrscheinlich erforderte die Viehhaltung der Bauern die Halbierung dieser auf dem gleichen Acker ausgebrachten Mischsaat.

Der Heuzehnte wurde nur vom Heu, nicht vom Öhmd erhoben.
Zum Obstzehnten gehörten Äpfel und Birnen.

Dann gab es noch den Blutzehnten. Er war für jedes neugeborene Füllen, Kalb, Lamm und Ziegenböcklein in Geld zu entrichten, brachte aber nicht viel ein, da die herkömmliche Ortstaxe sehr niedrig war.

In Oppingen hatte der Pfarrer den Kleinen Zehnten zu gleichen Teilen mit dem Spital in Geislingen. Zu den üblichen „Zehnt-Artikeln" kam hier noch der Bienenzehnte hinzu; er wurde von Bienenwachs und Honig genommen.

In Aichen gab es keinen Blut-, Heu- und Obstzehnten. Der Nellinger Pfarrer erhielt nur den dreißigsten Teil des Kleinen Zehnten.

Nach der Besoldungsbeschreibung von 1822 sollte das gesamte jährliche Diensteinkommen des Nellinger Pfarrers 836 Gulden 25 Kreuzer betragen, es schwankte in Wirklichkeit aber je nach der Höhe des veränderlichen Einkommensteils. Sein Wert hing jedes Jahr davon ab, wie die Zehntfrüchte gerieten und welchen Preis sie erzielten.

Für die Pfarrei Nellingen betrug ihr Wert von Galli 1825 bis Galli 1826 425 Gulden 33 Kreuzer und im folgenden Jahr 419 Gulden 21 Kreuzer.

Worterklärungen

Accidenzien: Nebeneinkünfte (freiwillige Geschenke).
Dazu zählte der als sogenannter Herbsttrunk erhaltene Wein und andere Naturalien; ebenso persönliche Zulagen und Nebenverdienste. (lat.) accidere, hinzukommen.

Accise: Akzise = Abgabe, Verbrauchssteuer, Verzehrsteuer.
Bis zum 19. Jahrhundert eine indirekte Steuer. (lat.) von accidere, einschneiden, anschneiden. Siehe dazu in den Anmerkungen „Der Zehnte".

Akzent: Betonung, Nachdruck. (lat.) accentus, Betonung.

Ältern, die: Frühere Schreibweise von Eltern.

antiseptisch: Das Abtöten von Krankheitserregern bewirkend; eigentlich: gegen Fäulnis wirkend. (gr.) anti, gegen, und sepein faulen, verwesen.

apokalyptisch: Die Apokalypse betreffend, geheimnisvoll, dunkel. (gr.) apokalyptein, enthüllen.

Aversalsumme: Die Abfindungssumme, Pauschalvergütung. (lat.) aversio, das Abwenden (weiterer Forderungen).

Bacchant: Im Mittelalter: fahrender Schüler; ursprünglich: Teilnehmer am Bacchusfest.

Chiliasmus: Glaube an ein Tausendjähriges Reich (nach der Wiederkunft Christi) (gr.) chilioi, tausend.

chiliastisch: Das Tausendjährige Reich betreffend.

Chorhemd: Das weiße Chorhemd ist ein kurzer, faltenreicher Umhang, der über dem schwarzen Talar getragen wird. (Siehe dazu die Anmerkungen.)

Citation: Zitation, Vorladung; (lat.) citare, herbeirufen.

Competenz: Zuständigkeit; die amtlich gewährten Einkünfte, das Zustehende; (lat.) competens, -tis, zustehend; competere, zukommen, zustehen.

confirmiren: konfirmieren, bestätigen; (lat.) confirmare, befestigen, bekräftigen, bestätigen.

Consistorium: Siehe Konsistorium.

Contraventionsfall: Übertretungsfall, Fall der Zuwiderhandlung; (lat.) contra, gegen und venire, kommen, dagegen kommen.

Dämonologie:	Lehre von den Dämonen, den bösen Geistern, vom Teufel. (gr.) daimon, böser Geist.
Dekan:	Evangelischer Geistlicher, der einem Kirchenbezirk vorsteht. (lat.) decanus, Führer von zehn Mann, decem, zehn.
Dekanat:	Amtsbezirk eines Dekans, bzw. Superintendenten.
Distinction:	Auszeichnung, hohes Amt, hoher Rang. (lat.) distinguere, auszeichnen.
elabieren:	entschlüpfen, loskommen, entrinnen. (lat.) elabi, entschlüpfen.
Emolumente:	Nutzen, Gewinn, Nebeneinnahmen. Aus öffentlichen Kassen: Neujahrsgeld, Entgeld für Kirchen- und Schulvisitationen. Von Privatleuten: Gebühren für Taufen, Trauungen, Bestattungen (Stolgebühren). Ferner Entgelt für Proklomationen, d.h. öffentliche Bekanntmachung einer Trauung durch Abkündigung im Gottesdienst, für die Konfirmation, für die Ausfertigung von Taufscheinen und anderen Urkunden. (lat.) emolumentum, eigentlich Mahlgewinn, Nebeneinnahmen.
Estime:	Verehrung, Hochachtung, Ehrerbietung. (lat.) aestimatio, Wertschätzung; aestimare, achten, schätzen, würdigen.
eschatologisch:	Die Lehre vom Weltende betreffend, das Weltende erwartend. (gr.) eschaton, das Äußerste, das Letzte.
Exhibitum:	Eingabe. (lat.) exhibitum, von exhibere, ein schriftliches Dokument zur Einsicht beibringen, vorzeigen, vorlegen.
exorzieren:	Dämonen, böse Geister austreiben. (gr.) exorkizein, beschwören.
Exorzismus:	Beschwörung, Austreibung böser Geister, Teufelsaustreibung.
Exorzist:	Geisterbeschwörer, Teufelsaustreiber.
exorzistisch:	beschwörerisch, beschwörend.
Fama:	Gerücht, Nachrede, Ruf, Leimund. (lat.) fama, Gerücht, öffentliche Meinung. In der römischen Mythologie als weiblicher Dämon mit vielen Augen, Ohren und Zungen dargestellt.
fatal:	verhängnisvoll, schlimm, widrig; (lat.) fatalis, schicksalhaft.

functioniren:	funktionieren, tätig sein, wirken. (frz.) fonctionner, richtig arbeiten; (lat.) functio, die Verrichtung, von fungi, ewas verrichten, vollbringen.
Gefälle, die:	An Grund und Boden gebundene Abgaben, die jährlich an den Grundherrn zu leisten waren. Sie bestanden z.B. in Bohnen und Erbsen, in Rüben und Flachs, aber auch in Eiern, Geflügel, Käse oder dergleichen. Gerne wurden sie in Geldzahlungen umgewandelt.
Gemeinschaftliches Oberamt:	Nach altwürttembergischer Ordnung Oberamtmann und Dekan. Sie hatten gemeinsam zu lösen, was in ihre Zuständigkeit fiel.
Generalat:	Prälatur, Amtsbezirk eines General-Superintendenten.
Gnadenquartal:	Verstarb ein Geistlicher während seiner Amtszeit, wurde der Witwe und den Hinterbliebenen „ein vierteljähriger Nachsitz der Besoldung ihres Gatten und Vaters als Sterbe-Nachgehalt eingeräumt". Auch schon verheiratete Kinder eines verstorbenen Geistlichen hatten dieses Gnadenquartal anzusprechen.
Gratial:	Unterstützung bedürftiger Witwen und Waisen von Kirchen- und Schuldienern, deren Gehalt auf das protestantische Kirchengut fundiert war. (lat.) gratia, Gunst, Gnade, Dank, Erkenntlichkeit.
Gült, Gülte, die:	Eine feste Abgabe vom Feldertrag des Getreides, die der Grundherr einforderte. Ihre Höhe war unabhängig von der geernteten Menge. (von gelten = bezahlen)
Heiligenfabrik:	Auch Kirchenfabrik, alte Bezeichnung für die Kirchenpflege.
Helfer:	Zweiter Pfarrer an einer Kirche oder im Ort.
ihme:	Alte Form von „ihm".
indolent:	Gleichgültig, träge; (lat.) indolens, unempfindlich.
Insinuation:	Zustellung und Eröffnung eines Erlasses. (lat.) insinuatio, Bekanntmachung.
Intercalarfonds:	Geldmittel zur Unterstützung bei außerordentlichen Unglücksfällen bedürftiger Geistlicher, ihrer Witwen und Waisen, „die eine augenblickliche Hülfe erheischen", aber keine lange fortdauernde jährliche Unterstützung erfordern. (lat.) intercalare, dazwischentreten, eintreten.

Interim:	Zwischenzeit, vorläufiger Zustand. Bezeichnung für eine von Kaiser Karl V. Ende Mai 1548 auf dem Reichstag in Augsburg diktierte Kirchenordnung. Sie sollte im Reich „inzwischen" für die Protestanten gelten, nämlich so lange, bis auf dem Konzil in Trient ein endgültiger Beschluß gefaßt würde. So kam es zu der Bezeichnung „Augsburger Interim". Es hatte die Zurückführung der Protestanten zur römischen Kirche zun Ziel und währte von 1548 bis 1552. (lat.) interim, unterdessen, mittlerweile, inzwischen, vorerst.
kalligraphische Blätter:	Sie dienten als Vorlage zum Üben der Schönschrift. (gr.) kalos, schön, und graphein, schreiben.
Kalligraphie:	Die Schönschreibekunst.
Kirchenregiment:	Bezeichnung für alle Tätigkeiten der verfaßten Kirche, die von ihren Organen ausgeübt wurden. Nach § 75 der Verfassung des Königreichs Württemberg vom 25. September 1819 übten das Königliche Konsistorium und der Synodus das Kirchenregiment der evangelisch-lutherischen Kirche „nach den bestehenden und künftig zu erlassenden verfassungsmäßigen Gesetzen" aus.
Konkordienformel:	Bekenntnisformel der evangelisch-lutherischen Kirche. (Eintrachtsformel) (lat.) concordia, Eintracht. Siehe dazu die Anmerkungen.
Konsistorium:	Kirchliche Verwaltungsbehörde der evangelischen Kirche. (lat.) consistorium, Versammlungszimmer; consistere, zusammentreten.
Konstitution:	Körperliche Verfassung. (lat.) constitutio, Beschaffenheit, Zustand; Anordnung, Verordnung.
Lektion:	Vorlesung, Lehrstunde, Lehrbuchabschnitt. (lat.) lectio, das Lesen, von legere, lesen.
Lithograph:	Steindrucker, Steinzeichner. (gr.) lithos, der Stein, und graphein, schreiben.
Lokat:	Lehrer einer Abteilung, der unter der Aufsicht des Schulmeisters stand. (lat.) locatus , von loca, die Abteilung.
malitiös:	boshaft, tückisch; (frz.) malicieux, -se, boshaft.
Matrone:	Ältere Frau. (lat.) matrona, ehrwürdige, verheiratete Frau.
metamorphiren:	verwandeln, ändern, umgestalten. (gr.) matamorphein, verwandeln, umgestalten.

Monarchischer Konstitutionalismus: Staats- und Regierungsform mit einer durch die Verfassung beschränkten Machtbefugnis des Monarchen. monarchisch: (gr.) archein, der Erste sein, herrschen, und (gr.) monos, allein. Konstitutionalismus: (lat.) constitutio, Einrichtung, Anordnung, Verfassung.

Neglectenliste: Versäumnisliste der Schüler und Sonntagsschüler. (lat.) neglector, der Vernachlässiger, Verabsäumer.

Noblesse: (frz.) edles Benehmen, Freigebigkeit.

nominiren: nominieren, benennen, zu einem Amt ernennen. (lat.) nominare, benennen, beim Namen nennen.

Parochie: Pfarrei, Amtsbezirk eines Pfarrers. (gr.) paroikia, eigentlich Einwohnerschaft, Kirchensprengel, Kirchspiel.

patientiren: sich gedulden, über sich ergehen lassen; hier: unter Entbehrungen ausharren, geduldig leben; (lat.) pati, erdulden.

Petent: Bittsteller; (lat.) petere, bitten.

Pfarr-Competenz: Amtlich zustehende Besoldung des Pfarrers. (lat.) competens, zustehend, angemessen.

Pfarrkirchenbaupflegeamt: Verwaltungsbehörde der reichsstädtisch-ulmischen Kirche. Zusammen mit dem Ratsausschuß der Religionsverordneten bis 1803 kirchenleitendes Organ. Aufgaben: Erhebung des Großen Zehnten, Besoldung der Pfarrer in Stadt und Land und der vom Rat angestellten Schulmeister in Ulm; Sorge für den baulichen Unterhalt der Pfarrhäuser.

Pfarr-Relation: Pfarrbericht. Er war vor jeder Kirchen- und Schulvisitation zu fertigen und an das Dekanatamt einzureichen. Nach einem genau vorgeschriebenen Plan mußte über den gegenwärtigen Stand in Kirche und Schule berichtet werden. (lat.) relatio, das Zurücktragen, Zurückbringen; das Vorbringen, Berichten, die Angabe.

Prädikant: Prediger; (lat.) praedicare, bekanntmachen, verkündigen.

Prälat: Leitender evangelischer Geistlicher, Mitglied der Kirchenleitung.

Prämium: Belohnung, Preis; (lat.) praemium, Prämie, Preis.

Principal: Lehrherr, Vorgesetzter; (lat.) principalis, der Erste, Vornehmste.

Proklamation:	Kirchliches Aufgebot mit dreimaliger Eheverkündigung der Brautleute im Gottesdienst. Zwischen den einzelnen Proklamationshandlungen sollte kein zu großer Zeitraum liegen und die Trauung nach vollendeter Proklamation nicht zu lange aufgeschoben werden. (lat.) proclamatio, das Ausrufen.
promoviren:	(lat.) promovere, vorrücken, aufrücken lassen.
Provisor:	Schulgehilfe. (lat.) provisor, der Vorseher; provisere, hinsehen, hingehen und nach etwas sehen.
Registratur:	Aufbewahrungsraum für Akten, Aktenschrank. (lat.) registrare, in ein Verzeichnis eintragen.
Rescript:	Schriftlicher Bescheid, Erlaß, Verfügung. (lat.) rescribere, zurückschreiben, schriftlich antworten.
Rezeß:	Vergleich; Abschluß von Verhandlungen, auch schriftlich niedergelegtes Ergebnis einer Verhandlung . (lat.) recedere, zurücktreten.
Salaire:	Gehalt, Lohn. (lat.) sal, salis, das Salz; eigentlich Salzgeld, Lohn, Bezahlung.
Schulincipient:	Schulamts-Zögling, Anfänger im Lehramt. (lat.) incipere, anfangen, beginnen.
separatistisch:	religiös abgesondert, getrennt; Neigung zu religiöser Absonderung (lat.) separare, trennen, absondern.
somnambul:	mondsüchtig, schlafwandelnd, (lat.) somnus, der Schlaf und ambulare, gehen, wandeln.
Spezial:	Frühere Bezeichnung für Dekan. (frz.) le specialiste, der Fachmann, der Meister in einem bestimmten Fach.
Spezialat:	Dekanatamt.
Stolgebühren:	Gebühren für Taufen, Trauungen, Bestattungen. An den Geistlichen zu bezahlendes Entgelt für gottesdienstliche Handlungen, die in der Amtskleidung, der Stola, verrichtet wurden.
Summarien:	Kurze gedruckte Erklärungen zu biblischen Abschnitten des Alten und Neuen Testaments, die bei den Abendandachten, den sogenannten Abend- oder Vesperlektionen, verlesen wurden. (lat.) summarium, kurz zusammengefaßter Inhalt, Summe der Hauptpunkte, Hauptinhalt. (Siehe dazu in den Anmerkungen „Summarien und Vesperlektion.).

Superintendent:	Auch „Dekan". Evangelischer Geistlicher, der einem Kirchenbezirk vorsteht. (lat.) superintendere, die Aufsicht führen.
Supplik:	Bittschrift. (lat.) supplex, demütig bittend.
Symbolische Bücher:	Die Bekenntnisschriften der evangelisch-lutherischen Kirche. (Das sogenannte Konkordienbuch) Siehe dazu die Anmerkungen.
Synode:	Körperschaft der evangelisch kirchlichen Selbstverwaltung. (gr.) syn, zusammen, und hodos, der Weg. Zusammenkunft, Beratung, kirchliche Versammlung.
Synodus:	Kirchenversammlung. Hier: Das durch die Generalsuperintendenten erweiterte Konsistorium; ihm kam kirchenleitende Aufgabe zu. Den Beratungen lag ein Überblick zugrunde, der aus den Visitationsberichten der Dekane hervorging. Durch Erlasse konnten weniger wichtige Angelegenheiten geregelt werden. Für wichtige Entscheidungen legte der Synodus der weltlichen Obrigkeit einen Entwurf für ein Kirchengesetz vor.
Vagant:	Im Mittelalter Bezeichnung für einen fahrenden Schüler oder einen fahrenden Spielmann. (lat.) vagari, umherschweifen, umherziehen.
Vesper:	Abend; Gottesdienst am frühen Abend. (lat.) vesper, der Abendstern; der Abend, die Abendzeit; auch die Abendgegend (Westen)
vindiciren:	(lat.) vindicare, in Anspruch nehmen, auf etwas Anspruch erheben, zustehend fordern, zuschreiben, zubilligen.
Zehend:	Der Zehnte. Siehe dazu die Anmerkungen.

Maße, Münzen, Geldwert.

Hohlmaße:

Getreide

1 Scheffel = 8 Simri = 177,2 Liter
1 Simri = 4 Imi = 22,15 Liter

Flüssigkeiten, Wein

1 Fuder = 6 Eimer = 17,63 Hektoliter
1 Eimer = 16 Imi = 293,9 Liter
1 Imi = 10 Maß = 18,37 Liter
1 Maß = 4 Schoppen = 1,83 Liter
   1 Schoppen = 0,46 Liter

Münzen:

1 Gulden oder Florin (fl.)
= 60 Kreuzer (kr.)
= 360 Heller
= 1,71 Goldmark
1 Reichstaler = 1,5 Gulden
1 Batzen = 4 Kreuzer
1 Kreuzer = 3 Pfennige

Vergleich des Geldwertes:

Verglichen mit dem Geldwert von 1914 betrug der Geldwert:

In der 1. Hälfte des 18. Jahrhunderts das 15 fache
In der 2. Hälfte des 18. Jahrhunderts das 10 fache
Im 19. Jahrhundert bis 1820 das 10 fache
1821 – 1842 das 5 fache
1843 – 1860 das 4 fache
1861 – 1870 das 3 fache
1871 – 1890 das 2,5 fache
1891 – 1913 das 2 fache

Nach der Gründung des Deutschen Reiches im Jahr 1871 wurde im König-reich Württemberg die Markwährung eingeführt. Diese neue Reichswährung hatte nicht mehr das Silber sondern das Gold zur Grundlage. Die Einheit war nun die in 100 Pfennige eingeteilte Mark.

Bei der Umrechnung ergaben:

7 alte Gulden = 12 Mark
1 Gulden = 1,71 Mark
1 Mark = 0,583 Gulden.

Ein jährlicher Schulmeisterlohn von 125 Gulden im Jahr 1827 entsprach auf den Geldwert von 1914 bezogen:

125 x 5 x 1,71 = 1069.– Mark im Jahr
= 89.– Mark im Monat.

150 Gulden im Jahr 1840:

150 x 5 x 1,71 = 1282.– Mark im Jahr
= 107.– Mark im Monat.
Zur Umrechnung in DM wird hier der Goldkurs zugrunde gelegt, nach dem die Deutsche Bundesbank ihre Goldreserven bewertet:

1 kg. Feingold = 4 660.–Mark.

Bestimmung des Goldgewichts einer Mark:

Die im Deutschen Kaiserreich umlaufenden Goldmünzen zu 20.– Mark enthielten 7,16 gr. Feingold. Demnach entfällt auf 1 Mark = 0,358 gr. Feingold. Bezieht man die genannte Bewertung der Goldreserven in die Rechnung ein, läßt sich der Geldwert in DM bestimmen.

Da 125 Gulden Jahreslohn im Jahr 1827 dem Geldwert von 1 069 Mark im Jahr 1914 entsprachen, folgt nun:

1069 x 0,358 x 4 ,660
= 1 783.– DM im Jahr
= 148.– DM im Monat.

Bei 150 Gulden im Jahr 1840 ergibt sich ein Geldwert von:
2 138.– DM im Jahr
= 178.– DM im Monat.

Die errechneten Beträge entsprechen dem Geldwert der DM im Jahr 1957.

Quellen- und Literaturverzeichnis

Ungedruckte Quellen:

Archiv des Evangelischen Dekanatamts Blaubeuren:

Allgemeine Erlasse	1806 – 1820
	1821 – 1840
Bezirks-Schulsachen	1792 – 1883
Nellingen: Kirchensachen	1694 – 1843
Nellingen-Oppingen: Schule	1793 – 1843
Pappelau: Kirche und Schule	1677 – 1889
Rottenacker: Kirche und Schule	1709 – 1853
Scharenstetten: Kirchensachen	1810 – 1866
Scharenstetten-Radelstetten: Schule	1813 – 1843
Visitationen:	1777 – 1823
	1818 – 1830
	1841 – 1875

Archiv des Evang. Pfarramts Nellingen-Oppingen:

Stiftungsrats-Protokoll Nellingen:	1828 – 1883
Kirchenkonvents-Protokoll Nellingen:	1828 – 1848
	1848 – 1880
Rescriptenbuch Nellingen:	1839 – 1921

Archiv des Evang. Pfarramts Scharenstetten-Radelstetten:

Stiftungsrats-Protokoll Radelstetten:	829 – 1850
Familien-Register Radelstetten	
Archiv des Evang. Pfarramts Amstetten:	
Familien-Register Amstetten.	

Darstellungen:

Bernhard, Marianne
Das Biedermeier. Kultur zwischen Wiener Kongreß und Märzrevolution; in: Hermes Handlexikon, Düsseldorf 1983.

Borst, Otto
Württemberg. Geschichte und Gestalt eines Landes. Konstanz 2. Auflage 1980

Greiner, Hans
Gechichte der Ulmer Schule; in: Mitteilungen des Vereins für Kunst und
Altertum in Ulm und Oberschwaben, Heft 20, Stuttgart 1914.

Hermann, Georg
Das Biedermeier im Spiegel seiner Zeit. Berlin 1913.

Kapff, Sixt von
Repertorium für die Amts-Praxis der evang.-luth. Geistlichkeit im
Königreich Württemberg. 1. Band 1. Abteilung, Heilbronn 1839.

Koppenhöfer, Heinz
Suche nach verwehten Spuren. 500 Jahre Andreas-Kirche Nellingen/Alb.
Nellingen 1991.

Lesebuch zur Geschichte der Evang. Landeskirche in Württemberg
Hgg. von Konrad Gottschick und Gerhard Schäfer, Stuttgart 1989. Band 3:
Große Hoffnungen – kleine Schritte im 19. Jahrhundert.

Sammlung der Königlich-Württembergischen General-Rescripte und
Verordnungen
vom Jahr 1806. Stuttgart o.J.

Sammlung der württembergischen Geseze
Hgg. von Dr. A.L. Reyscher; Tübingen 1835. 9. Band: Sammlung der
württembergischen Kirchengeseze 2. Teil von 1803 – 1834; von M.Th. Eisen-
lohr.

Schildt, Gerhard
Aufbruch aus der Behaglichkeit. Deutschland im Biedermeier.
Braunschweig 1989.

Trostel, Eugen
Das Kirchengut im Ulmer Territorium. Forschungen zur Geschichte der
Stadt Ulm. Band 15; Ulm 1976.

Weller, Karl
Württembergische Geschichte, Sammlung Göschen Nr. 462 Leipzig, 1909.

Wurster, Paul
Das kirchliche Leben in Württemberg, Tübingen 1919.

Württembergische Kirchengeschichte
Hgg. vom Calwer Verlagsverein. Calw und Stuttgart 1893.

Verzeichnis der Abkürzungen

fl.   Florin; Gulden

frz.   französisch

gr.   griechisch

kr.   Kreuzer

lat.   lateinisch

L. S. loco sigilli (lat.); an Stelle des Siegels

M.   Magister (lat.), Meister, Lehrer; akademischer Grad

Pl.   Plural, Mehrzahl

p. p. praemissis praemittendis; nach Vorausschickung des Vorauszuschik-kenden. Wurde als Ersatz für Anrede und Titel gebraucht.

Abbildungen

König Friederich von Württemberg

Wir Friderich,

von Gottes Gnaden

König von Württemberg,

des heil. Römischen Reichs Erz = Panner und Churfürst, Herzog von Tek, Fürst zu Schwaben, Landgraf zu Tübingen und Nellenburg, Fürst zu Ellwangen und Zwiefalten, Graf zu Limpurg, Schmiedelfeld, Sontheim, Hohenberg und Bondorf, Herr zu Heidenheim, Justingen, Rottweil, Heilbronn, Hall, Altdorf und Adelmannsfelden 2c. 2c.

entbieten allen Unseren lieben und getreuen Dienern und Unterthanen Unsere Königliche Gnade.

Nachdem Wir zu Folge eines mit Sr. Majestät dem Kaiser von Frankreich und König von Italien unter dem 12. Decbr. 1805. errichteten Staats-Vertrags, der einen integrirenden Haupttheil des, zwischen gedachter Kaiserl. Königl. Majestät und Sr. Majestät dem Kaiser von Teutschland und Oesterreich abgeschlossenen Friedens-Tractats ausmacht, die Königliche Würde für Uns und Unsere Nachkommen an der Regierung angenommen haben, so wird solches anmit von Uns Kraft dieses öffentlich und zur allgemeinen Nachachtung bekannt gemacht.

Bekanntmachung der Königswürde vom 1. Januar 1806.

154

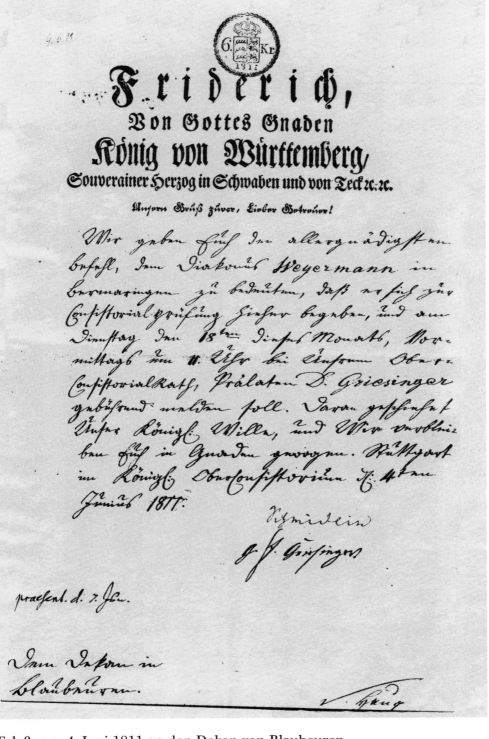

Erlaß vom 4. Juni 1811 an den Dekan von Blaubeuren.

Euer Hochwürden

habe ich anzuzeigen, daß ich ...

Mit ...

Euer Hochwürden

Nellingen den 17<u>t</u> 7br: 1821.

Brief von Pfarrer Hebich in Nellingen an den Dekan von Blaubeuren,
17. September 1821.

Letzter Brief von Pfarrer Hebich in Nellingen an den Dekanatamt Blaubeuren, 22. Oktober 18271.

Kirche und Pfarrkirche in Nellingen um 1900.

Die Reichsstadt Ulm und ihr Gebiet bis 1802.